U0548108

数据
知识产权
导论

上海市知识产权局◎编

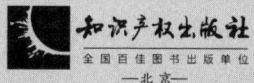

知识产权出版社
全国百佳图书出版单位
——北京——

图书在版编目（CIP）数据

数据知识产权导论/上海市知识产权局编.—北京：知识产权出版社，2025.8.—ISBN 978-7-5130-9129-9

Ⅰ．D923.404

中国国家版本馆 CIP 数据核字第 2025NP3349 号

内容提要

本书通过对国内外数据与知识产权关系相关法律法规、政策的系统梳理，以及对国家知识产权局数据知识产权登记试点工作各地的实践研究，初步构建较为完善的数据知识产权理论体系，并提炼试点经验，分析问题不足，为深入推进数据知识产权试点工作提供有益借鉴，为关注数据知识产权工作的学者提供参考，为热爱知识产权工作的高校学生提供学习资料。

责任编辑：张利萍　　　　　　　　　责任校对：王　岩

封面设计：杨杨工作室·张　冀　　　责任印制：刘译文

数据知识产权导论

上海市知识产权局　编

出版发行：**知识产权出版社** 有限责任公司	网　　址：http://www.ipph.cn
社　　址：北京市海淀区气象路 50 号院	邮　　编：100081
责编电话：010-82000860 转 8387	责编邮箱：65109211@qq.com
发行电话：010-82000860 转 8101/8102	发行传真：010-82000893/82005070/82000270
印　　刷：三河市国英印务有限公司	经　　销：新华书店、各大网上书店及相关专业书店
开　　本：720mm×1000mm　1/16	印　　张：11.5
版　　次：2025 年 8 月第 1 版	印　　次：2025 年 8 月第 1 次印刷
字　　数：188 千字	定　　价：69.00 元

ISBN 978-7-5130-9129-9

出版权专有　侵权必究

如有印装质量问题，本社负责调换。

本书指导

芮文彪　上海市知识产权局党组书记、局长

本书作者

第1章、第7章、第9章

徐　上　上海市知识产权局战略规划处处长

文倩倩　上海市知识产权局战略规划处一级主任科员

第2章、第3章

高　阳　上海对外经贸大学法学院副教授

夏　玮　上海对外经贸大学国际经贸创新与治理研究院常务副院长、
　　　　教授

第4章、第5章

徐　明　同济大学上海国际知识产权学院副教授

第6章、第8章

刘宇飞　国家地方共建人形机器人创新中心副总经理

王　露　国家地方共建人形机器人创新中心知识产权负责人

目　录

1.1 党和政府高度重视数据发展工作

1.1.1 习近平总书记关于数据的系列重要论述

党的十八大以来,习近平总书记深刻洞察数字时代发展大势和科技创新趋势,着眼统筹中华民族伟大复兴战略全局和世界百年未有之大变局,就建设数字中国提出一系列新思想新观点新论述,作出一系列战略部署,推动数字中国建设取得重要进展和显著成效。党的二十大擘画了以中国式现代化全面推进中华民族伟大复兴的宏伟蓝图,对加快建设数字中国作出一系列新部署。

1. 数据基础制度建设事关国家发展和安全大局

数据基础制度建设事关国家发展和安全大局,要维护国家数据安全,保护个人信息和商业秘密,促进数据高效流通使用、赋能实体经济,统筹推进数据产权、流通交易、收益分配、安全治理,加快构建数据基础制度体系。(摘录自 2022 年 6 月 22 日习近平在中央全面深化改革委员会第二十六次会议上的讲话)

要抓住产业数字化、数字产业化赋予的机遇，加快 5G 网络、数据中心等新型基础设施建设，抓紧布局数字经济、生命健康、新材料等战略性新兴产业、未来产业，大力推进科技创新，着力壮大新增长点、形成发展新动能。（摘录自 2020 年 4 月 1 日习近平在浙江考察时的讲话）

善于获取数据、分析数据、运用数据，是领导干部做好工作的基本功。各级领导干部要加强学习，懂得大数据，用好大数据，增强利用数据推进各项工作的本领，不断提高对大数据发展规律的把握能力，使大数据在各项工作中发挥更大作用。（摘录自 2017 年 12 月 8 日习近平在十九届中央政治局第二次集体学习时的讲话）

2. 大数据在保障和改善民生方面大有作为

大数据在保障和改善民生方面大有作为。要坚持以人民为中心的发展思想，推进"互联网+教育"、"互联网+医疗"、"互联网+文化"等，让百姓少跑腿、数据多跑路，不断提升公共服务均等化、普惠化、便捷化水平。（摘录自 2017 年 12 月 8 日习近平在十九届中央政治局第二次集体学习时的讲话）

运用大数据、云计算、区块链、人工智能等前沿技术推动城市管理手段、管理模式、管理理念创新，从数字化到智能化再到智慧化，让城市更聪明一些、更智慧一些，是推动城市治理体系和治理能力现代化的必由之路，前景广阔。（摘录自 2020 年 3 月 31 日习近平在浙江考察时的讲话）

要完善全国统一的社会保险公共服务平台，充分利用互联网、大数据、云计算等信息技术创新服务模式，深入推进社保经办数字化转型。同时，要坚持传统服务方式和智能化服务创新并行，针对老年人、残疾人等群体的特点，提供更加贴心暖心的社会保障服务。（摘录自 2021 年 2 月 26 日习近平在十九届中央政治局第二十八次集体学习时的讲话）

3. 携手构建开放共赢的数据领域国际合作格局

要加大对技术专利、数字版权、数字内容产品及个人隐私等的保护力度，维护广大人民群众利益、社会稳定、国家安全。要加强国际数据治理政策储备和治理规则研究，提出中国方案。（摘录自 2017 年 12 月 8 日习近平在十九届中央政治局第二次集体学习时的讲话）

拓展创新科技合作新领域。中国愿同海合会国家共建大数据和云计算中心，加强 5G 和 6G 技术合作，共建一批创新创业孵化器，围绕跨境电商合作和通信网络建设等领域实施 10 个数字经济项目。（摘录自 2022 年 12 月 9 日习近平在中国—海湾阿拉伯国家合作委员会峰会上的主旨讲话）

中国是联合国 2030 年可持续发展议程的支持者和践行者，坚持创新、协调、绿色、开放、共享的新发展理念，不断完善数字基础设施，建立健全数据基础制度体系，加强数据和统计能力建设，积极分享中国可持续发展目标监测实践和经验。（摘录自 2023 年 4 月 24 日习近平向第四届联合国世界数据论坛致贺信）

1.1.2　国家出台一系列数据发展政策文件

1. 部署将数据列为第五大生产要素

2019 年 10 月 31 日通过的《中国共产党第十九届中央委员会第四次全体会议公报》，首次将数据纳入生产要素。

2019 年 11 月 26 日，中央全面深化改革委员会第十一次会议审议通过了《关于构建更加完善的要素市场化配置体制机制的意见》（以下简称《意见》），并于 2020 年 3 月 30 日，由中共中央、国务院印发。《意见》将数据与土地、劳动力、资本、技术并列为第五大生产要素，并专章提出"加快培育数据要素市场"，部署了推进政府数据开放共享、提升社会数据资源价值、加强数据资源整合和安全保护三方面重点任务。

2. 部署加快培育数据要素市场

在 2020 年 3 月和 5 月先后印发的《关于构建更加完善的要素市场化配置体制机制的意见》和《关于新时代加快完善社会主义市场经济体制的意见》中，党中央、国务院对加快培育数据要素市场进行了专门部署。

2021 年 1 月，中共中央办公厅、国务院办公厅印发《建设高标准市场体系行动方案》，也提出加快培育发展数据要素市场，主要任务包括：制定出台新一批数据共享责任清单，加强地区间、部门间数据共享交换。研究制定加快培育数据要素市场的意见，建立数据资源产权、交易流通、跨境传输和安全等基础制度和标准规范，推动数据资源开发利用。积极参与数字领域国际规则和标准制定。

2021年12月，国务院印发《"十四五"数字经济发展规划》，对"十四五"期间数字经济发展作出了全面部署，提出了到2025年数字经济迈向全面扩展期的发展目标，实现数据要素市场体系初步建立、产业数字化转型迈上新台阶、数字产业化水平显著提升、数字化公共服务更加普惠均等、数字经济治理体系更加完善。

2022年3月，中共中央、国务院出台《关于加快建设全国统一大市场的意见》，要求加快培育统一的技术和数据市场。部署加快培育数据要素市场，建立健全数据安全、权利保护、跨境传输管理、交易流通、开放共享、安全认证等基础制度和标准规范，深入开展数据资源调查，推动数据资源开发利用。

3. 部署建立数据要素市场规则

建立数据资源产权基础制度。2021年3月13日，十三届全国人大四次会议通过《中华人民共和国国民经济和社会发展第十四个五年规划和2035年远景目标纲要》，在第五篇"加快数字化发展　建设数字中国"中，在第十五章打造数字经济新优势、第十六章加快数字社会建设步伐、第十七章提高数字政府建设水平的基础上，用第十八章进一步提出了"营造良好数字生态"：坚持放管并重，促进发展与规范管理相统一，构建数字规则体系，营造开放、健康、安全的数字生态，其中首次提出，统筹数据开发利用、隐私保护和公共安全，加快建立数据资源产权、交易流通、跨境传输和安全保护等基础制度和标准规范。

建立数据要素市场定价规则。2021年11月30日，工业和信息化部发布《"十四五"大数据产业发展规划》，在加快培育数据要素市场一节，部署了：建立数据要素价值体系，按照数据性质完善产权性质，建立数据资源产权、交易流通、跨境传输和安全等基础制度和标准规范。健全数据要素市场规则，包括推动建立市场定价、政府监管的数据要素市场机制，发展数据资产评估、登记结算、交易撮合、争议仲裁等市场运营体系。

2022 年 1 月 12 日，国务院印发的《"十四五"数字经济发展规划》中提出，加快数据要素市场化流通，鼓励市场主体探索数据资产定价机制，推动形成数据资产目录，逐步完善数据定价体系。

建立数据要素市场流通规则。2022 年 1 月 6 日，国务院办公厅印发《要素市场化配置综合改革试点总体方案》，部署建立健全数据流通交易规则。探索"原始数据不出域、数据可用不可见"的交易范式，在保护个人隐私和确保数据安全的前提下，分级分类、分步有序推动部分领域数据流通应用。探索建立数据用途和用量控制制度，实现数据使用"可控可计量"。规范培育数据交易市场主体，发展数据资产评估、登记结算、交易撮合、争议仲裁等市场运营体系，稳妥探索开展数据资产化服务。

建立数字资源资产化管理规则。自 2022 年 12 月 1 日起向社会征求意见，并于 2023 年 8 月 21 日由财政部发布《企业数据资源相关会计处理暂行规定》，明确了企业数据资源相关会计处理规定，正式推进企业数据资源入表。

2023 年，中共中央、国务院印发《数字中国建设整体布局规划》，中国资产评估协会印发《数据资产评估指导意见》，财政部印发《关于加强数据资产管理的指导意见》，畅通数据资源大循环，组建国家数据局，推动数据资源整合、共享和开发利用，规范数据资源相关会计处理行为，加强数据资产评估指导、数据资产管理等。

2023 年，国家数据局等 17 部门联合印发《"数据要素×"三年行动计划（2024—2026 年）》，部署充分发挥数据要素乘数效应，赋能经济社会发展。

1.1.3　建成数据基础制度的基本框架

2022 年 6 月 22 日经中共中央全面深化改革委员会第二十六次会议审议通过，于 2022 年 12 月 2 日由中共中央、国务院正式印发的《关于构建数据基础制度更好发挥数据要素作用的意见》，为我国数据基础制度构建举旗定向，构建中国数据要素市场基本制度的"四梁八柱"。

1. 建立保障权益、合规使用的数据产权制度

探索建立数据产权制度，推动数据产权结构性分置和有序流通，结合数

据要素特性强化高质量数据要素供给；在国家数据分类分级保护制度下，推进数据分类分级确权授权使用和市场化流通交易，健全数据要素权益保护制度，逐步形成具有中国特色的数据产权制度体系。

探索数据产权结构性分置制度。建立公共数据、企业数据、个人数据的分类分级确权授权制度。根据数据来源和数据生成特征，分别界定数据生产、流通、使用过程中各参与方享有的合法权利，建立数据资源持有权、数据加工使用权、数据产品经营权等分置的产权运行机制，推进非公共数据按市场化方式"共同使用、共享收益"的新模式，为激活数据要素价值创造和价值实现提供基础性制度保障。研究数据产权登记新方式。

2. 建立合规高效、场内外结合的数据要素流通和交易制度

完善和规范数据流通规则，构建促进使用和流通、场内场外相结合的交易制度体系，规范引导场外交易，培育壮大场内交易；有序发展数据跨境流通和交易，建立数据来源可确认、使用范围可界定、流通过程可追溯、安全风险可防范的数据可信流通体系。

3. 建立体现效率、促进公平的数据要素收益分配制度

顺应数字产业化、产业数字化发展趋势，充分发挥市场在资源配置中的决定性作用，更好发挥政府作用。完善数据要素市场化配置机制，扩大数据要素市场化配置范围和按价值贡献参与分配渠道。完善数据要素收益的再分配调节机制，让全体人民更好共享数字经济发展成果。

4. 建立安全可控、弹性包容的数据要素治理制度

把安全贯穿数据治理全过程，构建政府、企业、社会多方协同的治理模式，创新政府治理方式，明确各方主体责任和义务，完善行业自律机制，规范市场发展秩序，形成有效市场和有为政府相结合的数据要素治理格局。

通过对中共中央、国务院关于数据要素政策的时间和要点的梳理，可以看到中国在数据要素市场化配置方面的持续努力和逐步推进，也可以看到在党和国家的主导推动下，中国数据要素市场开始飞速发展并渐具雏形。

1.2 数据要素在数据经济发展中的重要作用

1.2.1 数字经济对国家经济社会发展的重要意义[①]

数据是新时代重要的生产要素，是国家基础性战略性资源。大数据是数据的集合，以容量大、类型多、速度快、精度准、价值高为主要特征，是推动经济转型发展的新动力，是提升政府治理能力的新途径，是重塑国家竞争优势的新机遇。数字经济是继农业经济、工业经济之后的主要经济形态，是以数据资源为关键要素，以现代信息网络为主要载体，以信息通信技术融合应用、全要素数字化转型为重要推动力，促进公平与效率更加统一的新经济形态。数字经济发展速度之快、辐射范围之广、影响程度之深前所未有，正推动生产方式、生活方式和治理方式深刻变革，成为重组全球要素资源、重塑全球经济结构、改变全球竞争格局的关键力量。

1. 发展数字经济是把握新一轮科技革命和产业变革新机遇的战略选择

数字经济是数字时代国家综合实力的重要体现，是构建现代化经济体系的重要引擎。世界主要国家均高度重视发展数字经济，纷纷出台战略规划，采取各项举措打造竞争新优势，重塑数字时代的国际新格局。我国要抢抓数字经济发展新机遇，坚定不移实施国家大数据战略，充分发挥大数据产业的引擎作用，以大数据产业的先发优势带动千行百业整体提升，牢牢把握发展主动权。

2. 发展大数据产业是构建新发展格局的现实需要

发挥数据作为新生产要素的乘数效应，以数据流引领技术流、物质流、

---

① 《国务院关于印发"十四五"数字经济发展规划的通知》，国发〔2021〕29 号，2021-12-12。

资金流、人才流，打通生产、分配、流通、消费各环节，促进资源要素优化配置。发挥大数据产业的动力变革作用，加速国内国际、生产生活、线上线下的全面贯通，驱动管理机制、组织形态、生产方式、商业模式的深刻变革，为构建新发展格局提供支持。

3. 推进数字化转型是优化社会治理的必要路径

政府通过有效地收集、分析和利用大数据，更准确地把握经济社会发展趋势，进行更科学的决策、更有效的监管，从而提升治理效率。数字技术发展可以提供更广泛的渠道与民众进行互动，促进了民主治理的进一步深化。自动化和智能化工具的运用，也将有效提升政府各类资源的利用效率，降低治理成本。

4. 发展数字化服务是满足人民美好生活需要的重要途径

数字化方式正有效打破时空阻隔，提高有限资源的普惠化水平，极大地方便群众生活，满足多样化个性化需要，数字经济发展正在让广大群众享受看得见、摸得着的实惠。

1.2.2 数字经济对地方经济社会发展的重要作用[①]

1. 创新产业发展模式

大数据产业链涵盖数据标准与规范、数据安全、数据采集、数据存储与管理、数据分析与挖掘、数据运行维护及应用等多个环节，覆盖数据从产生到应用的全部生命周期。在大数据产业链中，可以实现对数据的全面采集、深度分析和系统优化，并将相关数据终端有效连接起来，从而打破产业类别与信息服务之间的壁垒，重构产业发展模式。例如，广东省推动工业互联网与大数据产业结合，构建智能制造的产业发展新模式，促进了制造业升级与创新。

---

① 张淑慧. 发挥大数据对经济发展的驱动作用 [N]. 人民日报，2018-12-04.

2. 促进关联产业集聚

大数据产业的优势不仅仅在于对庞大数据信息的专业化处理，更在于通过云计算、分布式处理、存储和感知等技术的运用，促进提升相关产品制造能力，攻克关键核心技术，并在数据获取与应用层面形成产业集聚效应。例如，辽宁省沈阳市依托应用大数据产业技术的龙头企业，构建以东网超算中心为核心、辐射"东软医疗云""华为智能制造云""浪潮城市云"等云端数据平台的大数据产业体系，通过建设大数据发展核心区，建立数据交易流通机制和规范标准体系，在医疗、商业、城市服务等领域实现数据流通和产业体系内各部门信息互通，促进核心企业周围形成产业集群，显著提升了经济发展的规模效应。

3. 助推区域经济增长

大数据产业能克服自然资源禀赋等方面的制约，形成新的经济增长点，并带动区域经济实现跨越式发展。例如，四川省崇州市抓住大数据产业发展契机，出台一系列惠及大数据的产业发展政策，促进了云计算、物联网、大数据应用等创新产业的跨越式发展，并推动大数据、电子信息产品制造、电子商务和服务外包等关联产业的协同发展。凭借显著的技术理念优势，崇州市成为四川省重要的大数据创新基地和区域经济突破式发展的新引擎。

4. 促进经济社会可持续发展

大数据的应用有助于推动环保、节能、绿色产业发展，促进环境保护和经济社会可持续发展。首先，利用大数据可以对环境进行立体监测，通过数据模拟技术和排放清单等工具，建立环保大数据系统，提高环境监测数据的可靠性，夯实数据应用基础。其次，利用大数据可以对污染物排放集中、能源消耗大的产业进行精准治理，从而优化产业结构，提高资源利用效率。最后，大数据所具有的多元化、交互性特征可以为经济决策提供科学依据，有利于促进经济发展与改善民生、保护生态环境相协调，让人民群众更好共享经济社会发展成果。

1.2.3　数据要素对新质生产力发展的重要意义

纵观历史，历次科技革命和产业革命产生新技术、新要素、新产业，都推动了生产力质的飞跃。生产力的发展有其内在源泉和动力，各类生产要素作用的充分发挥、效能的提高、组合的优化，都会推动生产力水平的提高。

新质生产力代表先进生产力的演进方向，以全要素生产率大幅提升为核心标志。数据作为新型生产要素，既直接创造社会价值，又通过与其他生产要素的融合，有效降低交易成本，形成规模经济和范围经济，提升配置效率和激励效率，能够大幅度提升全要素生产率。

1. 数据要素促进规模报酬递增

数据要素的开发利用是数字经济的主要内容，数字化、网络化、智能化过程中产生的海量数据，逐渐进入生产领域和经济系统成为生产要素。可共享、可复制、可无限供给、要素互补性、越用质量越高等特点，使得数据能够打破土地、资本等传统生产要素有限供给对经济持续增长的制约，形成规模报酬递增的经济发展模式。企业从数据中挖掘有用信息，作用于其他要素，能够为企业、行业、产业在传统要素资源约束下寻找"最优解"提供新路径。数据在不同场景、不同领域的复用，推动各行业知识的相互碰撞，不同类型、不同维度的数据融合，推动不同领域的知识渗透，产生新知识，创造新的价值增量。

2. 数据要素能够推动科技创新

伴随高性能算力、智能算法等技术的迅速发展，在海量数据的驱动下，科学研究范式得以由传统的假设驱动向基于科学数据进行探索的数据密集型范式转变。借助高性能计算技术、人工智能技术等，将数据科学和计算智能有效结合，利用 AI 技术学习、模拟、预测和优化自然界和人类社会的各种现象，可以更精准快捷地解决许多科研问题，加快推动科学发现和科技创新。比如，基于海量、多元生物数据构建起的人工智能算法模型，在几天甚至几分钟内就能预测出以前要花费数十年才能得到的、具有高置信度的蛋白质结构。因此，推动科学数据有序开放共享，以科学数据助力前沿研究、支撑技术创新，推进跨学科、跨领域协同创新，是加快形成新质生产力的重要方向。

3. 数据要素推动产业实现深度转型升级

通过大量运用互联网、人工智能、云计算等数字技术，促进数据、高素质劳动者、现代金融等要素紧密结合，可以实现主导产业和支柱产业的持续迭代升级，催生新产业、新技术、新产品和新业态。在数字技术和数据要素双轮驱动下，数字技术与传统产业深度融合、数字经济和实体经济深度融合，形成"数字技术—数据要素—应用场景"三位一体的数字产业链，贯通生产、流通和消费全环节。一方面，促使产业在生产模式、组织形态和价值分配领域发生全面变革，实现产业结构转型升级。比如，数据要素与制造环节相结合，构建横向端和纵向端兼容的集成智能网络，能够提升制造业网络化和智能化水平，推动产业体系向先进制造、柔性生产、精准服务、协同创新的方向转型升级，促进制造业价值链向微笑曲线两端延伸。另一方面，催生新产业、新应用、新业态、新模式。比如，通过道路状况、交通流量和车辆行驶等数据的互联互通，对车辆传感器数据、用户行为偏好及其他相关信息进行汇聚分析，推动智能网联汽车和交通行业的业务模式变革。此外，围绕数据采集、分析、处理等，也将催生出一批以数据业务为主营方向的数据商等新业态，以及数据标注工程师、算法工程师、数据管理师、数据合规师等新兴职业。

4. 数据要素推动生产要素创新性配置

生产要素的高效率配置是实现生产力跃迁、形成新质生产力的必要条件。通过对数据要素的挖掘分析和利用，可以降低信息交互偏差和要素交易成本，推动创新要素流向高生产效率、高边际产出的企业和行业，打通"信息孤岛"和"数据壁垒"，从而实现要素高效配置。尤其是，在高度数字化、智能化的信息环境中，可以实现以数据为纽带的人才、技术、资本、管理等创新要素的价值链联动，使创新资源实现最优配置。

5. 数据要素有利于提高全要素生产率

数据作用于不同主体，与不同要素结合，可产生不同程度的倍增效应，实现推动经济发展的乘数效应。通过数据的协同、复用、融合，能够优化知识、技术、工艺，进而带动劳动生产率的提高。这个过程循环往复，能够在新的生产率水平上通过聚变扩能，形成更优化的知识、技术和工艺。数据要素与技术、人才、管理等传统生产要素的融合不断加深，能够通过业务流程优化、服务水平改善等提升生产率水平，驱动生产要素从低生产率部门向高生产率部门转移，让生产要素不断流向效率更高、效益更好的环节。

1.3 研究目的与方法

本书旨在为全国数据知识产权试点工作单位提供理论和实践参考，为全国知识产权专业的学生系统且深入地呈现数据知识产权的全貌。通过全面剖析数据知识产权的现状，构建完整的理论框架与实践体系，使数据知识产权关注者、研究者、实践者清晰把握其核心要义与内在逻辑。综合运用法学、经济学、信息科学等多学科理论，采用理论研究与实证分析相结合、比较研究与案例分析相补充的多种研究方法展开系统探究。在理论研究中，梳理国内外数据知识产权相关理论的发展脉络与前沿观点，提供数据知识产权学习的理论基础；实证分析则聚焦数据知识产权在实际经济活动、法律实践中的具体表现与应用案例，增强实践者对理论知识的理解，提高应用能力。比较研究不同国家和地区的数据知识产权制度模式与实践经验，拓宽大家的国际视野；案例分析深入解读典型案例，引导大家从实际问题出发，培养分析与解决问题的能力，从而为学生在未来的知识产权领域学习和实践者研究或工作，提供全面、深入且具前瞻性的知识依据与思维支撑，促进知识产权学术交流与社会共识的广泛形成。

第 2 章

数据知识产权基础理论

2.1 数据的多维内涵与法律界定

2.1.1 国内外数据定义的梳理与比较

20 世纪初，"数据"一词便在计算机科学领域中被广泛使用。在计算机科学领域，数据通常被称为信息的符号表示或载体，其含义广泛，可以是声音、数字、文字等各种形式的符号。因此，早期学者认为数据等同于信息。随着计算机的发展，学者对数据与信息的关系产生了不同的观点：一些学者认为信息是特定含义的数据，而数据是对事实的未加工描述。[①] 另有学者认为数据是计算机通过代码对现实世界中的事物进行记录或测量的结果，是数字化时代对客观世界的表达和映射。[②] 时至今日，在当前信息科学领域，信息和数据虽相互区别，但可相互转换。[③] 在法律层面上，《中华人民共和国数据安全法》（以下简称《数据安全法》）第 3 条规定："本法所称数据，是指任何以电子或者其他方式对信息的记录。"在《数据安全法》的立法指导下，全国

---

① 党跃武，谭祥金. 信息管理导论 [M]. 2 版. 北京：高等教育出版社，2010.
② 乌普姆·马利克. SQL 数据分析 [M]. 李安然，张迎，译. 北京：清华大学出版社，2020.
③ 靳雨露. 立法视角下"信息"与"数据"的四重概念界定与区分 [J]. 网络安全与数据治理，2024，43（7）：87-94.

各地纷纷出台地方性法规对数据、数据安全、数据权益等相关问题进行规范和保护。其中《上海市数据条例》第 2 条第 1 款也对数据给出了相同的定义。2024 年 12 月 30 日，国家数据局发布第一批数据领域常用名词解释，其中将数据定义为"任何以电子或其他方式对信息的记录"。

相较于国内，国外对数据关注与定义略有不同。强调个人信息保护与数据市场建设的欧盟，最早在《通用数据保护条例》（*General Data Protection Regulation*，GDPR）第 4 条对"个人数据"作出了界定："个人数据是指与一个已识别或者可识别的自然人相关联的任何信息。"[①] 随后，欧盟在《数字市场法》（*Digital Markets Act*，DMA）中进一步明确了数据的含义，第 2 条规定："数据是指数字化的行为、事实或信息，以及对行为、事实或信息的汇编。"[②] 美国在《开放的、公开的、电子化的及必要的政府数据法案》（*The Open*，*Public*，*Electronic*，*and Necessary Government Data Act*）中指出，数据为以任何形式或介质记录下来的信息，开放政府数据时特别知名数据需要满足机器可读的条件。[③] 由此可知，数据是对现实物理世界的数字化记录，反映物理世界的发展与演进，具有丰富的内涵与形态，它可以是个人数据，亦可以是科学研究数据等。

数据经济时代，数据已经成为各国发展的关键要素，通过梳理国内外关于数据的定义，可以发现主要有以下差异。其一，法律上识别与保护的数据类型不同。《中华人民共和国民法典》（以下简称《民法典》）第 111 条和第 127 条分别对个人信息和数据进行了不同的规定，为数据和信息的区分提供了法律上的依据。而在其他国家和地区的立法中，对信息与数据、个人信息与个人数据并未进行区分，往往可以用来指代同一事物。比如欧盟习惯使用"个人数据"概念，其定义较为详细，涵盖了广泛的识别因素，如姓名、识别号码、位置数据、网上标识符等；美国更喜欢使用"个人信息"概念，其法律规定较为宽松，坚持以市场为主导，以行业自律为主要手段，辅以政府监管的模式；我国台湾、香港、澳门地区，更倾向于使用"个人资料"（data）概念。其二，数据定义的宽泛程度不同。在内容定义上，我国多部法律将数据定义

---

① 通用数据保护条例 [Z]. 欧盟，2018.

② 数字市场法 [Z]. 欧盟，2022.

③ 许春明，杨欢欢. 论数据的法律界定 [J]. 交大法学，2024（5）：116-131.

为任何电子或其他方式对信息的记录。我国对数据的定义较为宽泛，涵盖了电子数据和其他非电子数据，主要强调的是数据作为信息记录的载体属性。欧盟对数据的定义比较狭窄，主要强调的是"个人数据"的可识别性。美国的定义则因立法分散而呈现多样性和灵活性，部分州的法律对数据的界定更为广泛。

2.1.2　数据的法律特征与分类

数据作为一种新型生产要素，具有独特的属性，这些属性不仅决定了其在数字经济中的重要地位，也对法律保护和权益界定提出了新的挑战。首先，数据具有无形性。数据是对客观事物的符号表示。数据是没有物理形态的，它只能附着于信息上，通常以 0 和 1 的数字编码形式来表达，并不具有现实意义上的形态。这种无形性使得数据可以被近乎零成本地复制和传播，也不会因为使用而损耗，且在使用的过程中具有极高的灵活性和效率性。其次，数据具有价值性。数据价值以大规模汇聚为前提，数据越多越好，特别是对于机器学习而言，数据规模的增加使得算法可以学会处理越来越复杂的问题。[1] 这种价值性使得数据成为企业和社会发展的关键资源，但同时也引发了数据权益保护的需求。在司法实践中，这种数据权益常受到《中华人民共和国反不正当竞争法》（以下简称《反不正当竞争法》）等法律法规的保护。[2] 再次，数据具有非消耗性。无论是有形财产还是自然资源在使用时或多或少会产生消耗，而数据是客观事物的符号表示，不会因为被使用、被谁使用、如何使用而损耗或者减少，反而可能因为使用、传播而产生更大的价值。这种非消耗性，使得数据在数字经济中具有独特的经济属性。数据的使用不会导致其价值"枯竭"，反而可以通过不断地挖掘和分析，创造出更多的价值。这种特性使得数据在经济活动中具有极高的可持续性，但也对数据的合理分配和使用提出了新的问题。最后，数据具有非排他性和非限制性。数据本身具有自由、开放、流动的特点，因此在未对数据采取保护防范措施的情况下，同一

---

[1]　程啸. 论数据权益 [J]. 国家检察官学院学报，2023，31 (5)：77-94.
[2]　浙江省高级人民法院 (2023) 浙民终 1113 号民事判决书。

时空，数据可以被不同的主体同时使用，且新加入的主体并不会对原主体使用数据的效果造成影响。数据的这一特征极大地满足了人们对无形财产的需求，同时也凸显了法律介入和保护的重要性，以避免出现数据被乱用或者侵权的乱象。

鉴于以上特征，数据的分类显得尤为重要。

首先，根据数据归属主体不同，可将其分为个人数据、企业数据、公共数据。《中共中央 国务院关于构建数据基础制度更好发挥数据要素作用的意见》（以下简称"数据二十条"）明确了数据的上述分类，该分类对于构建数据产权体系、区分不同性质数据确权制度具有重要意义。[①] 个人数据，顾名思义就是个人日常生活、工作、学习产生的数据，例如个人的身份信息、生物识别信息、联系信息等内容。个人数据源于个人信息，个人信息的概念在《个人信息保护法》第4条、《网络安全法》第76条中均有所规定，《民法典》第1034条第2款又在原有的基础上增加了电子邮箱、健康信息、行踪信息等，使个人信息的范围更加明确。企业数据主要是指企业这一市场主体在生产、经营、管理、拓展市场时所产生、收集、处理的数据，例如客户名单、产品类型、企业研发数据等内容。企业数据的巨大利用价值和商业价值在数字经济时代不言自明，目前社会都接受其作为一种生产要素具有鲜明的"资产性"，并存在商业估值的可能性。[②] 公共数据是国家机关、法律法规规章授权的具有管理公共事务职能的组织以及公共服务运营单位在依法履行职责以及提供公共服务过程中生产处理的数据。[③] 公共数据具有公众性、公益性，必须严格依照法律法规的相关规定进行开放和共享。

其次，根据数据的产生方式不同，可以将数据分为原始数据和衍生数据。原始数据是指单一的、未经处理的初始数据。由于没有人为干预或者整理，这类数据往往具有较高的真实性，能够更为客观地反映数据产生的背景和环境。但也正因为这种特点，原始数据具有信息密度低、格式不统一等问题，很难从中提取出有价值的关键信息，也就难以产生直接的经济价值。与原始数据相反，衍生数据是海量原始数据经过清洗、分析、挖掘与提炼生成的新

① 冯晓青. 数据产权法律构造论 [J]. 政法论丛，2024（1）：120-136.
② 梅夏英. 企业数据权益原论：从财产到控制 [J]. 中外法学，2021，33（5）：1188-1207.
③ 程啸. 论数据权益 [J]. 国家检察官学院学报，2023，31（5）：77-94.

数据，是新信息的载体。① 衍生数据不仅是新信息的载体，更是经过深入加工、开发、利用，凝聚了大量的智力劳动和技术创新。正因如此，衍生数据往往具有更高的经济价值，能够为企业和科学研究提供更加强有力的支撑。

最后，根据数据是否公开，可以将数据分为公开数据与非公开数据。公开数据是指权利主体未采取保护措施、任何主体通过一定的技术手段均可访问、处于公开状态的数据。非公开数据是指权利主体采取保护措施、只允许特定主体通过一定的技术手段访问、处于未公开状态的数据。对于公开数据，总体上采取开放包容的态度，但值得注意的是，自由地访问公开数据并不意味着可以自由地复制和使用公开数据，这一点虽然可以使非公开数据在法律层面上获得更强有力的保护，但也会使数据的流动和价值受到不同程度的影响。

2.2　数据知识产权的概念解析与权利构成

2.2.1　国际上数据知识产权的概念探讨与争议焦点

1. 国际上数据知识产权的概念探讨

目前，由于不同国家与地区的法律体系、文化背景和经济发展水平等方面有所不同，各国和地区之间对数据知识产权的概念解析和保护方面也存在着差异。数据具有天然的流动性，多元主体间围绕多元利益竞争与合作，数据利益内容复杂、利益边界模糊，且利益衡量动态变化。② 相较于一般数据，数据知识产品因产生过程复杂，对其权利主体、内容的识别较为困难。当前，数据知识产品的保护主要聚焦于衍生数据产品。与原始数据不同，衍生数据

---

① 高阳. 衍生数据作为新型知识产权客体的学理证成［J］. 社会科学，2022（2）：106-115.

② 贾丽萍. 数据知识产权的权利证成与规则展开［J］. 法制与社会发展，2024，30（4）：205-224.

产品更具有丰富的市场价值，凝结着运营者的大量心血、智力和劳动，具有预测和指导决策作用。作为伴随新时代而产生的新现象、新形式，数据知识产权的概念界定和具体保护在国际上引发热议，各国都高度重视数据知识产权的保护，通过各种途径提供周延的保护。尽管许多国家没有直接采用数据知识产权的法律概念，但从其立法、执法和司法体系可以分析出数据财产权法律保护的合法性和合理性。从欧盟、美国、英国等国家和地区的数据立法以及数据保护相关的国际条约分析数据保护的现状，以期为我国数据知识产权法律保护提供经验和启示。具体分析如下：

（1）数据全面保护的欧盟模式

欧盟是全世界首个对数据权利进行立法保护的地区，在其法律体系中对数据的保护十分严谨。从最初建立一个互联的数字单一市场到欧洲单一数字市场战略，欧盟范围内的数据资源自由流动带来了数字经济发展的巨大动能。欧盟在数据立法上的主要目的在于促进数据产品自由流动，并发挥其最大商业价值创造社会效益。起初，欧洲各国出台了关于数据库保护的相应规定，例如《关于数据库法律保护的指令》，为数据库提供了两种不同的知识产权保护路径：著作权保护与特别权利保护。随着数据立法进程的加快，欧盟出台了《通用数据保护条例》。[①] 一直以来，欧盟委员会致力于探索建立"数据生产者权"对数据产权予以保护。[②] 数据生产者权的设立初衷是促进产业发展，但是实践中数据产品的拥有者不明确，反而阻碍了数据产品巨大经济价值的挖掘。[③] 为了更好地保护数据产品、明确数据权利拥有者，欧盟将机器生成的数据分为个人数据和非个人数据。[④] 在欧盟出台的《非个人数据在欧盟境内自由流动框架条例》中，对个人数据和非个人数据进行了宽泛、原则性的规定。其中，提出对于非个人数据的处理，应以促进数据的自由流动、发展数字经济和强欧盟竞争力为基础，逐步建立起一套欧盟内部市场处理非个人数据的

---

① 郑勇，陈宗波．欧盟数据库特别权利之得失及对我国的启示 [J]．求索，2012（4）：248-249，237．

② 知识产权视角下的数据要素制度构建研究报告 [R]．2023．

③ 华劼．欧盟数据生产者权利质疑：以知识产权制度安排为视角 [J]．知识产权，2020（1）：72-78．

④ 曹建峰，祝林华．欧洲数据产权初探 [J]．信息安全与通信保密，2018（7）：30-38．

明确、全面、可预测的法律框架。[①] 目前为止，虽然欧盟还未出台相关立法明确规定数据知识产权法律概念和具体规则，但已出台的条例、已终结的法案都闪烁着数据知识产权保护的光芒。

（2）主创新的美国模式

关于数据产品保护的法律规范，与欧盟的数据立法不同，美国数据保护立法具有行业性和分散性的特点。与欧盟《通用数据保护条例》这种统一数据法典不同，美国的数据立法模式是以"自由市场+行业强监管"为基础，在联邦层面没有指定统一的数据保护基本法典，而是采取了分行业式的分散立法模式，[②] 即在金融、电信、教育、健康等领域采取专门的数据保护立法模式。在现有立法体系中，《格雷姆-里奇-比利雷法》（又称为《金融服务现代化法案》）、《公平信用报告法》、《联邦证券法》等数据保护联邦立法成为美国数据权利保护的主要法律规范。由此可知，美国数据权利保护相关立法大多涉及个人隐私法律保护、数据安全法律问题，几乎没有涉及数据知识产权保护的专门规定。在经典案例 Ruckelshaus v. Monsanto Co. 案中，法院直接援引洛克的劳动财产权观点，通过考察原告公司在农药开发过程中资金与时间的投入，支持了原告对其农药检测数据享有财产权的主张，阻止任何人未经授权对相关数据的使用与披露。[③] 从这一案例可以得出，对于投入大量脑力劳动、具有一定创造性价值的数据产品，美国通过劳动财产权理论对数据产品予以财产权进行确认、保护。劳动财产权理论是由美国哲学家约翰·洛克提出的，从自然权利观念出发揭示现代财产权发生的原因，是解释知识产权制度正当性的重要理论基础。[④] 通过 Ruckelshaus v. Monsanto Co. 案以及相关的司法实践，不难看出基于劳动财产权理论保护数据产权已获得美国司法实践的普遍支持与认同，权利人对数据产品已享有竞争法上的合法权益。

---

① 知识产权视角下的数据要素制度构建研究报告 [R]. 2023.

② 何渊. 数据法学 [M]. 北京：北京大学出版社，2020.

③ Ruckelshaus v. Monsanto Co., 467 U.S. 986（1984）[Z]. 美国最高法院，1984.

④ 冯晓青. 知识产权法哲学 [M]. 北京：中国人民公安大学出版社，2003.

（3）著作权保护的英国模式

英国早在《1997年著作权与数据库权利法案》中便明确了数据可进行著作权保护。2017年，《英国新数据保护法案：改革计划》将个人数据的定义扩大到IP地址、网络cookie和DNA，反映了过去二十年来的技术发展。[①] 为解决数字技术发展带来的法律难题，英国制定了针对数字经济发展的"数字英国计划"和《数字经济法》，旨在利用数字技术推动经济社会发展和政府转型。[②] 其中，《数字经济法》明确规定了网络著作权侵权、域名注册管理权、广播电视管理规则、视频游戏和表演者权等内容。虽然《数字经济法》对数据知识产权作出一些规定，但内容零散且不成体系，缺乏数据知识产权的权利内容等具体规定。

（4）国际条约中数据的知识产权保护

随着数字经济的迅猛发展和数据的跨境流动，各国开始缔结国际条约对数据产品进行保护，且最早就是采取知识产权的形式对数据产品、数据信息进行保护。《与贸易有关的知识产权协定》中规定了对数据知识产权的法律保护，主要体现在第7节对未泄露之信息和数据的法律保护措施之中；《联合国国际贸易法委员会电子签名示范法》对电文数据进行规定，提出数据电文指经由电子手段、光学手段或类似手段生成、发送、接收或储存的信息，这些手段包括但不限于电子数据交换、电子邮件、电报、电传或传真。除此之外，还有《数字经济伙伴关系协定》，是一项专门规制数字贸易的协定，涵盖内容广泛，包括商业和贸易便利化、数字产品及相关问题的处理、数据问题等。[③] 当前，中国加入《数字经济伙伴关系协定》符合国内形势需要，有利于增强在国际市场的竞争力。

---

① 邓辉. 英国新数据保护法案：改革计划 [J]. 中国应用法学, 2017 (6)：167-184.

② 刘伟. 政府与平台共治：数字经济统一立法的逻辑展开 [J]. 现代经济探讨, 2022 (2)：122-131.

③ 王楚晴. 申请加入DEPA背景下中国数据治理的相容性审视及优化路径 [J]. 太平洋学报, 2023, 31 (3)：1-13.

2. 国际上数据知识产权的争议焦点

目前，国际上关于数据知识产权的争议焦点主要集中在数据能否创设知识产权、哪些类型的数据可以创设知识产权，以及数据可以创设何种类型知识产权三个方面，这些争议焦点涉及复杂的法律和政策等方面，也从侧面反映出不同国家和地区之间的文化差异和技术发展差距。

数据能否创设知识产权争议不断涌现，已经成为学术界、实务界关注和研究的热门话题。部分学者认为，数据本身可能不具有足够的创造性，因此不应受到版权保护，但数据的集合（如数据库）可以通过汇编作品的形式获得版权保护。① 欧盟和美国在此方面有着相似的规定，欧盟的《数据库保护指令》和美国的版权法均指出，数据本身是无法获得版权保护的，但对数据的创造性筛选、注解或组织是受到版权法保护的。经过一定算法或者规则加工处理后形成的衍生数据，是人类创造性智力劳动的成果，是数字经济时代的新型知识产品。② 现代知识产权法是一个综合性的法律规范体系，其客体随技术发展不断扩张，数据知识产权也是知识产权法客体扩张的结果之一。③ 非物质性作为知识产品和数据的核心属性，是数据向知识产权体系靠拢的根本原因，非物质性使得数据被传统物权所排斥。④ 具有非物质性、实时性、动态性的数据与知识产权客体存在多方面的性质相通，这使得知识产权成为规制数据最便捷且最现实的选择方案。

哪些类型的数据可以创设知识产权也是争议的热点之一。数据具有复杂性和多样性，但数据可以创设知识产权的前提条件是数据来源必须合法，只有通过合法合规途径收集获得的数据（如用户授权、公开数据爬取等）才能获得知识产权保护。根据数据所产生的不同方式，可以将数据分为原始数据、数据资源和数据产品。目前，在原始数据的基础上进行加工、整理，形成的数据集合即数据资源和数据产品更有可能获得知识产权保护。欧盟的《数据

① European Comission. What is data ownership, and does it still matter under EU data law [Z]. 欧盟，2024.
② 高阳. 衍生数据作为新型知识产权客体的学理证成 [J]. 社会科学，2022（2）：106-115.
③ 肖冬梅. "数据"可否纳入知识产权客体范畴？[J]. 政法论丛，2024（1）：137-148.
④ 司马航. 用户数据的知识产权属性之辩 [J]. 科技与法律，2019（6）：32-40.

库保护指令》规定，只有经过创造性选择、编排或组合的数据集合才能获得知识产权保护；美国版权法同样支持具有"最低限度的创造性"的数据集合的知识产权保护。我国各地方数据知识产权登记办法中规定只有经过一定的算法或者规则加工处理形成的数据集合才可以进行数据登记申请。根据数据所属的不同主体，可以将数据分为个人数据、企业数据和公共数据。根据各地区发布的数据知识产权登记相关管理方法，登记对象信息数据集合来源于个人数据、企业数据或公共数据，但需要根据数据种类不同提供相关获取证明。根据数据是否公开，可以将数据分为公开数据与非公开数据。目前数据知识产权登记试点实践出现分歧，非公开数据在现行法律体系下可作为商业秘密受到保护。

数据可以创设何种类型知识产权是一个亟待解决的问题。当前对于数据的类型归纳主要停留在知识产权领域，但数据的属性如实时性、动态性、多环节流转，这些性质都使得数据难以简单地被归纳进目前的知识产权类型中。对于经过收集、分析和整理形成的数据集合，可以通过著作权汇编作品或者邻接权进行保护。欧盟《数据库保护指令》明确指出，基于数据的独创性选择与编排所形成的数据库视为汇编作品，纳入著作权保护范围。当数据满足特定条件时，数据以数据产品的形式出现且具有一定的独创性（如构成汇编作品的数据库），即应当受到著作权法规则的保护。① 目前信息技术快速发展，数据在处理过程中出现创造性的技术或者方法可通过专利授予保护。授予专利可以有效防止他人未经授权使用创造性的专利技术，从而保证权利人的利益。同时，具有商业价值的数据在施以适当保密措施的前提下可以得到商业秘密的保护。我国《民法典》第 123 条将商业秘密作为"专有的权利"客体列入知识产权的范围。在国外，2023 年生效的《2022 年保护美国知识产权法》的主要内容也是保护美国企业的商业秘密。②

为了解决上述争议，全球各个国家和地区在持续不断地完善其自身数据知识产权法律法规的同时，也大力推荐建设全球数据治理框架，促进数据经济的进一步发展。

---

① 黄薇. 中华人民共和国民法典总则编解读 [M]. 北京：中国法制出版社，2020.
② 吕炳斌. 数据知识产权登记：商业秘密模式抑或数据库模式 [J]. 知识产权，2024（6）：62–79.

2.2.2　我国数据知识产权的定义与本土特色

1. 我国数据知识产权的定义

随着互联网和人工智能技术的快速发展，数据已经成为一种必不可少的重要生产要素。"数据二十条"中提及数据作为新型生产要素，是数字化、网络化、智能化的基础，已快速融入生产、分配、流通、消费和社会服务管理等各环节，深刻改变着生产方式、生活方式和社会治理方式。① 数据是数字经济时代的重要资源，用好数据要素是企业增强持续创新能力、获取可持续竞争优势的基础保障，也是提升竞争力的重要手段。2021 年，中共中央、国务院印发的《知识产权强国建设纲要（2021—2035 年）》中提出"研究构建数据知识产权保护规则"。在"数据知识产权"概念的引导下，我国各地方陆续开展数据知识产权登记试点工作。根据各地区发布的数据知识产权登记相关管理措施②，数据知识产权包括以下几个关键要素：第一，依法依规收集或获取，即数据的来源应当是合法的，数据的收集或获取应符合法律法规有关规定或者合同约定，不侵犯国家安全、公共利益和个人隐私。第二，数据集合应具有实用或商业价值，能够解决实际问题，且能带来一定的经济利益，包括企业自身降本增效的利益或者对外交易获取对价的利益。第三，数据集合是经过一定的算法或者规则加工处理形成的，即在数据处理过程中通过算法模型构建形成的。涉及个人数据、公共数据的还应对数据进行必要的匿名化、去标识化，确保不可还原出原始数据。此外，企业采用的算法或规则还应满足算法相关的合规要求。第四，数据集合应具有智力成果属性，是指对收集到的数据需要进行加工、分析、处理等智力劳动的投入，并不是普遍意义上

---

① 中共中央　国务院关于构建数据基础制度更好发挥数据要素作用的意见。

② 浙江省. 浙江省数据知识产权登记办法（试行）［Z］. 2023-05-26；北京市. 北京市数据知识产权登记管理办法（试行）［Z］. 2023-05-30；天津市. 天津市数据知识产权登记办法（试行）［Z］. 2024-01-08；江苏省. 江苏省数据知识产权登记管理办法（试行）［Z］. 2024-01-10；安徽省. 安徽省数据知识产权登记办法（试行）［Z］. 2024-04-24；陕西省. 陕西省数据知识产权登记管理办法（试行）［Z］. 2024-05-15；国家知识产权局. 数据知识产权登记管理办法（试行）［Z］. 2024-06-28；河北省. 河北省数据知识产权登记管理办法（试行）［Z］. 2024-08-20；湖南省. 湖南省数据知识产权登记管理办法（试行）［Z］. 2024-08-22；湖北省. 湖北省数据知识产权登记管理办法（试行）［Z］. 2024-08-26；四川省. 四川省数据知识产权登记管理办法（试行）［Z］. 2024-10-08。

的原始数据，而是付出劳动和相关投入加工形成后的数据集合，未经加工分析处理且不具有实用价值的数据集合不能称为数据知识产权。

综上所述，数据知识产权是指数据持有者或数据处理者对其依法依规收集或者获取，经过一定算法或规则加工处理、具有实用或商业价值及智力成果属性的数据集合所享有的权益。

2. 我国数据知识产权的本土特色

2021年，《知识产权强国建设纲要（2021—2035年）》与《"十四五"国家知识产权保护和运用规划》相继发布，数据知识产权保护工作从理论研究转向实践探索。北京、上海、浙江等多个地方开展数据知识产权工作试点，并相继出台数据知识产权登记管理办法，规范引领数据知识产权登记管理工作，推进地方试点工作开展。

我国强调数据收集和处理的合法性，注重个人数据保护。目前多个试点城市数据知识产权登记管理方法中均规定数据的来源应当是合法合规的，数据的收集和处理应当符合相关法律规定或合同约定，在登记时要求数据申请人提供数据来源或数据出处，以证明其数据来源合法合规。[①] 涉及个人数据的，数据申请人应当提交依法依规采集、持有、托管和使用的证明；涉及企业数据的，数据申请人需说明内部数据和外部数据的采集方式；涉及公共数据的，数据申请人应当提供依法依规获取的证明，包括公共数据开放利用协议或授权运营协议等。

国家知识产权局鼓励数据知识产权登记申请人就满足依法依规获取、经过一定规则处理，并具有实用价值的数据集合提出登记申请，申请通过后，登记平台会在公示期满后向有关符合标准的知识产权登记申请人颁发数据知识产权登记电子证书（以下简称"登记证书"），登记证书作为数据知识产权的初步证明，支持数据知识产权的市场化应用。这一制度平衡个人、企业和国家的多元利益，确保数据的合理利用和保护，同时也保障了数据知识产权的权益，确保后续数据在各个环节的安全性和合法性，为数据流通和交易提供了保障。此外，国内不同地区探索出具有地域特色的数据知识产权管理

---

① 浙江省. 浙江省数据知识产权登记办法（试行）[Z]. 2023-05-26.

登记方法。北京、浙江、广东、深圳等地明确数据集合的财产权益，强调数据的经济价值，鼓励相关部门积极推进登记证书在促进数据要素市场化配置、产业数据价值化、数据跨境流通等工作中的运用。① 鼓励自由贸易区试验区和有关金融机构积极开展数据知识产权相关金融产品创新，促进数据流通，激励数据生产，共同推动数据知识产权的市场化应用和流转交易使用。

这些本土特色反映了我国在数据知识产权保护方面的考量和努力，我国在这一领域的创新与发展，为全球数据知识产权的发展提供了新的思路与方向，也为其他国家与地区数据知识产权的保护与发展提供了参考。

2.2.3　数据知识产权的权利内容与限制

1. 数据知识产权的权利内容

数据知识产权的保护来源与财产的"权利束"模型紧密相关。财产的"权利束"模型建立在美国法学家霍费尔德的权利分析理论的基础之上，提出权利最终体现为人与人之间的法律关系，数据知识产权的特点体现为多元主体与多样权利形成的"权利束"。② 在实践操作中，个人用户在接受数据企业提供的服务时，形成了"先许可，后使用"的数据使用协议，将底层数据的使用权让渡给数据企业，从而使数据企业获得了数据产品的财产权。数字产品是无体物，数字知识产权的保护不能简单套用有形财产规则，应针对无体物的属性予以规定。

数据知识产权的权利内容包含多个方面，具有复杂性和多样性。我国数据法律制度不仅对数据本体权能或权项进行界定，还从数据来源者、数据处理者等多主体角度进行区分，在数据的持有、分享、利用等多环节中界定相应权利。③"数据二十条"中，数据知识产权结构性分置并未对其主体、权利和关系进行细化规定，只是笼统地提出了一些思路。而主体、权利和关系的

---

① 浙江省. 浙江省数据知识产权登记办法（试行）［Z］. 2023-05-26；北京市. 北京市数据知识产权登记管理办法（试行）［Z］. 2023-05-30.

② 高阳. 衍生数据作为新型知识产权客体的学理证成［J］. 社会科学，2022（2）：106-115.

③ 姚佳. 数据产权与数据知识产权之辨［J］. 上海政法学院学报（法治论丛），2025，40（1）：65-76.

相关内容对于数据知识产权的保护有着重要意义，亟须进一步细化规定。其中数据知识产权主体主要包含数据来源者、数据处理者以及其他数据利用主体。尽管我国在数据产权这一概念中使用了英美法系最具代表性的"产权"概念，但实则大陆法系的基本权能与权项理解才是更优选择，即持有权、使用权和经营权。一是数据持有权，其基本内涵是数据产品相关主体对所享有的数据产品的一种持有状态。这是一种事实状态，换言之，尽管持有被称为"权"，但持有主体可能并不享有全部的所有者权能，例如使用、收益、处分等权能，甚至某些情况下持有主体对持有的数据承担安全保障义务。二是数据使用权，其基本内涵是相关数据产品处理者对数据产品进行使用和加工的权利。这些权限来源于数据产品本身的特性、特征或相关的合同约定。通常情况下，数据处理者只能依据合同约定的内容使用对应的数据。三是数据经营权，其是指相关主体对数据享有经营权限，有权获取收益的权利。① 这项权利也来自合同约定。该项权利主体根据数据合法性基础和授权、合同约定等对数据进行经营，经营形式多样化，包括融资担保、投资、入股等。数据使用权和数据经营权的区分对于司法实践有着重大的意义，例如数据爬取，若爬取者仅供自身使用，比如为自身降本增效，而不对外经营，且并未将数据未经加工便提供给他人使用，以及对被爬取者的经营利益不产生损害，则不被禁止。若爬取者未对爬取的数据进行加工，即对外经营获利，甚至对被爬取者的产品或服务产生实质性替代的效果，则构成不正当竞争。②

综上所述，构建数据产权的基本架构，不仅需要考虑数据的基本特征，更需要融入价值衡量与判断。权利内容的确定保障了数据持有者的合法权益，合理配置数据资源，促进数字经济的健康发展，确保数据在合法、透明和高效的环境中得到充分利用。

2. 数据知识产权的限制

"没有合法的垄断就不会有足够的信息生产出来，但有了合法的垄断又不

---

① 姚佳. 数据产权与数据知识产权之辨 [J]. 上海政法学院学报（法治论丛），2025，40（1）：65-76.

② 浙江省杭州市中级人民法院（2018）浙 01 民终 7312 号民事判决书；广东省高级人民法院（2022）粤民终 4541 号民事判决书。

会有太多的信息被使用。"① 因此，数据知识产权制度应当平衡各方利益，一方面充分保障数据权人的专有权益，促使更多数据权人创作出更多的新数据；另一方面要充分地发挥数据知识产权的社会公益属性，实现数据共享、数据安全，进而推动数据的快速发展。

在衍生数据"权利束"中，国家主权应当是多方主体中位阶最高的权利。② 《数据安全法》作为我国数据知识产权保护的重要组成部分，在总则中便明确规定，数据的收集、处理和使用必须严格遵循相关法律法规，保证国家安全、公共利益和个人隐私不被侵犯。通常情况下，数据产品由大量单个用户数据汇合而成，个体样本通过技术去除部分数据字段、进行深度分析后形成群体样本，一定程度上包含着社会群体和各类行业甚至国家战略层面的内容，因此数据知识产权的保护往往与个人隐私、社会公益和国家利益紧密相关，在此情况下，对数据知识产权的限制应以国家安全为重要原则。现在，我国互联网企业仍处于发展状态，于中小企业而言，由于缺少用户行为数据，面临目标客户群体定位难、传感器配置及安装费用高昂、数据存储方式与管理成本适配等多种困难，在激烈的现实商业追逐赛中处于劣势地位。对此，为增加用户行为数据，可通过加强数据流动与再利用的方式进行，参照标准必要专利许可的 FRAND 原则，设立数据"基础设施"，在不接触作品内容的情况下实现机器查询数据，共建公平、有效的数据访问规则。

除了上述以国家安全原则和参照标准必要专利许可的 FRAND 原则进行数据知识产权的限制外，还应遵守《中华人民共和国著作权法》（以下简称《著作权法》）和《反不正当竞争法》的相关规定。立法文件中被称为"权利例外"的合理使用，在数据知识产权的限制中同样适用。在大数据时代，合理使用制度需要结合具体行为类型和认定要素进行综合分析。③ 尤其是一些非对抗性数据库的使用，申请人通过支付相关费用便可以实现数据产品的使用，但同时会设定严密的技术措施防止数据产品内容的泄露。《反不正当竞争

---

① 罗伯特·考特，托马斯·尤伦. 法和经济学 [M]. 张军，译. 上海：上海人民出版社，1999.

② 高阳. 衍生数据作为新型知识产权客体的学理证成 [J]. 社会科学，2022 (2)：106-115.

③ 吴汉东. 数据信息分析合理性认定的版权规则 [J]. 中国版权，2024 (3)：5-19.

法》是知识产权或者工业产权的权利补充和补白的"双补"性保护法。①《反不正当竞争法》同样适用数据知识产权的限制。实践中，对数据产品进行开源时，数据需求方的获取、使用行为是否遵循开源协议，是衡量该行为是否违反数据服务领域商业道德的重要考量因素。

---

① 孔祥俊. 反不正当竞争法框架内的数据权利构建："数据保护专条"的具体设计方案 [J]. 比较法研究，2025（1）：50-74.

第 3 章

数据知识产权法律保护体系架构

3.1 国际条约中的数据知识产权保护条款和趋势洞察

现有国际条约中并未明确规定数据知识产权的相关内容。但是，诸多国际条约中的部分条款为保护数据知识产权提供了国际法基础。受限于技术发展这一因素，《保护文学和艺术作品伯尔尼公约》（以下简称《伯尔尼公约》）、《保护表演者、音像制品制作者和广播组织罗马公约》（以下简称《罗马公约》）并未规定数据的保护问题，《世界知识产权组织版权条约》（WCT）仅规定了数据汇编（数据库）的保护。《数字经济伙伴关系协定》（DEPA）对于数据跨境流动作出了专门的规定，允许数据跨边界自由流动，使得企业能够更加便捷高效地跨境传输信息。《与贸易有关的知识产权协定》（TRIPS）也继续沿用了《伯尔尼公约》中对于数据汇编等智力创作的保护，在前者的基础上又加入了对于药品等实验数据的专门保护。可以看出，在全球数字化进程不断加速的大背景下，国际条约在数据知识产权保护领域的举措呈现出更为明确的针对性。一方面，相关条约针对数据知识产权的独特属性与复杂权益关系，制定了愈发精准且细致的保护条款，致力于全方位、多层次地保障数据知识产权所有者的合法权益，有效应对因数据的特殊性质和广泛应用所引发的各类知识产权侵权风险。另一方面，国际条约对跨境传输数据持愈发积极的支持态度，通过构建更为完善的规则框架，降低数据跨境流动的阻碍，促进数据在全球范围内的自由流通。与此同时，大力倡导数据共享理念，通过鼓励数据在不同主体、不同领域间的共享与融合，激发创新活力，催生更多基于数据的创新应用与商业模式，进而推动全球数字经济的蓬勃发展。

3.1.1 国际条约中数据知识产权保护条款

1.《与贸易有关的知识产权协定》（TRIPS）

《与贸易有关的知识产权协定》（TRIPS）于 1995 年 1 月 1 日生效，作为世界贸易组织（WTO）的重要协定之一，其目的是确保知识产权保护措施与规则不会对国际贸易造成不必要的障碍，同时为知识产权提供充分且有效的保护。在数据知识产权保护方面，TRIPS 对数据汇编的保护规定尤为关键。根据 TRIPS 第 10 条，数据可以经由创造性智力劳动进行汇编，从而获得保护，许多企业在运营过程中积累的大量原始数据经过分析处理后形成具有特定商业价值的数据集合等，若符合数据汇编的条件，均可作为智力创作受到 TRIPS 的保护。[①] 同时对药品实验数据作出专门保护，防止不正当的使用以及披露。

2.《世界知识产权组织版权条约》（WCT）

《世界知识产权组织版权条约》（WCT）于 1996 年通过，2002 年生效，该条约主要致力于解决数字环境下版权保护面临的新问题，是对《伯尔尼公约》的重要补充和发展。WCT 在版权保护客体和权利内容等方面进行了拓展和明确，以适应数字时代的需求。

在数据知识产权保护方面，WCT 的第 5 条对数据汇编的保护作出了重要规定。该条款指出，数据库若因其内容的选择或排列构成智力创作，即可作为汇编作品受到版权保护。这意味着数据库的制作者在选择收录哪些数据、如何对数据进行编排组织等方面付出了创造性劳动，使数据库整体具有了独创性。例如，一个精心挑选各领域权威学术论文，并按照学科分类、时间顺序等独特方式编排的学术文献数据库，因其独特的内容选择和编排方式，可

---

① 程文婷. 试验数据知识产权保护的国际规则演进 [J]. 知识产权，2018（8）：82-96.

依据版权模式获得保护。这种保护与数据和资料本身无关，数据汇编是否受到保护不影响单个数据和资料本身的版权状态。对于那些具有独创性的数据集合，即使其中的数据本身并不受版权保护，但该数据集合作为一个整体，因其独特的智力创作过程，也可依据 WCT 获得版权保护。

WCT 侧重于对具有独创性数据集合的保护，鼓励对数据的创造性整理和汇编工作，推动了数据资源的有序整合和利用。WCT 第 11 条与第 12 条，分别就技术措施相关义务以及权利管理信息相关义务予以明确。在数据知识产权保护领域，技术措施发挥着至关重要的作用。它能够禁止未经授权对数据库的访问、复制和传播行为。同样，权利管理信息也极为重要，它可以帮助版权所有者全面管理和有效监督数据库的使用情况，从而确保版权所有者的权益得到切实有效的维护。这些规定为数据保护提供了更加全面的保障。

3. 《全面与进步跨太平洋伙伴关系协定》（CPTPP）

《全面与进步跨太平洋伙伴关系协定》（CPTPP）于 2018 年 3 月签署，同年 12 月生效，其成员包括澳大利亚、文莱、加拿大、智利、日本、马来西亚、墨西哥、新西兰、秘鲁、新加坡和越南等国家。该协定旨在促进亚太地区的贸易自由化和经济一体化，涵盖了货物贸易、服务贸易、投资、知识产权、政府采购、竞争政策、环境、劳工等多个领域。在数据知识产权保护方面，CPTPP 对数据流动和知识产权保护制定了一系列规定。在数据流动方面，协定鼓励成员国之间的数据跨境自由流动，原则上禁止成员国实施数据本地化存储要求，即不得要求企业将数据存储在本国境内。这一规定有利于促进数字贸易的发展，使企业能够更高效地在全球范围内利用数据资源，同时对于涉及数据的软件、数据库等给予了充分的保护。对于软件源代码，CPTPP 规定除特定情况外，禁止强制要求企业披露软件源代码，以保护软件开发者的知识产权和商业利益。①

4. 《欧盟–日本经济伙伴关系协定》（EPA）

《欧盟–日本经济伙伴关系协定》（EPA）于 2018 年 7 月签署，2019 年 2 月

---

① 方雯. 数字贸易的国际法规制研究：以 CPTPP 为视角 [J]. 对外经贸，2022 (5)：46-49.

生效。欧盟和日本作为全球重要的经济体，双方在经济、贸易和科技等领域有着广泛而深入的合作。该协定旨在进一步加强欧盟与日本之间的经济联系，促进货物和服务贸易自由化、投资便利化，加强知识产权等领域的合作。

其中第 8.81 条"以电子方式进行跨境信息传输"规定，缔约双方承诺要确保以电子方式进行的跨境信息传输，不能采取禁止或限制缔约双方进行数据跨境的相关措施。欧盟和日本通过单独的"相互充分性"安排，认可了各自数据保护系统的可比性。这种互认机制为数据在双方之间的自由流动提供了保障，也为数据产权的保护和行使创造了良好的环境，使数据所有者不必担心数据保护水平的差异导致的数据安全和产权风险，可以更放心地在互认的区域内进行数据的跨境使用、共享和交易等活动。在数据知识产权保护上，EPA 对于涉及商业数据的保护作出了相应规定。[①] 对于企业在经营过程中产生的具有商业价值的数据，通过知识产权相关条款来防止他人的不正当获取和使用，维护企业的数据权益。

5.《数字经济伙伴关系协定》（DEPA）

《数字经济伙伴关系协定》以电子商务便利化、数据转移自由化、个人信息安全化为主要内容，并就加强人工智能、金融科技等领域的合作进行了规定。要求每一缔约方应允许通过电子方式跨境传输信息，包括个人信息。DE-PA 第 4.2 条规定缔约方应鼓励企业采用数据保护可信任标志，并且缔约方应努力相互承认其他缔约方的数据保护可信任标志，作为便利跨境信息传输的同时保护个人信息的有效机制。第 4.3 条对跨境传输数据作出了规定，要求每一缔约方应允许通过电子方式跨境传输信息。第 4.4 条规定成员国不得要求在领土内将使用或设置计算设施作为开展业务的条件，即禁止数据存储本地化。加强数据传输的自由度方便数据在不同地区存放和流通。最后在第 11.1 条中，对发展数字经济，提高数字包容性，消除数字障碍，要求成员国就数字包容相关事宜进行合作，其中就包括分享与数字经济参与相关的分类数据收集、指数使用和数据分析的方法和程序。为增强数据跨境流通和数据

---

① Enrico Bonadio, Luke Mcdonagh, Tiffany M Sillanpaa. Intellectual property aspects of the Japan-EU economic partnership agreement [J]. Lse Research Online Documents on Economics, 2020.

共享，以及促进数字经济蓬勃发展提供了广阔的平台。

3.1.2　对于国际条约关于数据知识产权的趋势洞察

1. 从间接保护到直接保护

《罗马公约》中规定相关表演、录音制品和广播节目中的数据若涉及制作者或者表演者主体的权益，在一定程度上可间接受到保护，这属于对表演者及制作者权利的延伸，而非对数据知识产权的直接保护。随着科技社会不断发展，全球进入信息化时代，数据重要性愈发凸显，对数据的直接保护成为必要。TRIPS 协定第 39.3 条对药品试验数据保护作出了明确规定。要求各成员国药品监管部门对制药企业提交的数据信息进行保护，虽然是最低限度的保护，即"不披露"①，但已是对数据的直接保护。同时其第 10.2 条和 WCT 对数据汇编的保护作出规定：数据汇编或者其他资料汇编，无论呈机器可读形式还是其他形式，只要通过对其内容的选取或安排而构成了智力创造，就应作为智力创造加以保护。这些条约针对数据的直接保护规定是对过往法律体系的重要补充，承认了特定有价值的数据以及数据汇编作为知识产权保护的客体的价值，填补了传统法律在数据保护方面的空白，使法律体系更加适应社会发展的需求。

2. 加强衍生数据保护

在数据产权保护的法律架构与实践中，对原始数据与衍生数据进行清晰界分，具有至关重要的意义。原始数据来源广泛，常见于自然采集、用户直接提供等方式。例如，各类网站平台上用户所提交的注册登记信息，此为用户基于自身行为直接提供的数据；又如，传感器对环境进行实时监测采集而得的环境数据，该数据系自然采集的典型代表。原始数据本质上是对客观事实的直接记载，多数情况下，其自身并不具备独立且独特的创造性表达。衍生数据则是由人类通过思维智力活动对原始数据加工所产生的新数据，是包含着人类主观创造活动的客观世界信息的新映射。② 由于时代的限制，早期的

---

① 张丽英，段佳葆. TRIPS 协定下药品试验数据保护的例外与我国的立法选择 [J]. 中国食品药品监管，2021（1）：35-43.

② 高阳. 衍生数据作为新型知识产权客体的学理证成 [J]. 社会科学，2022（2）：106-115.

国际条约对于新兴的数据形式，即衍生数据，并未制定专门的规范条款。然而，伴随科学技术的迅猛发展，国际条约的保护范畴亦随之拓展。目前，虽然尚无国际条约明确规定衍生数据的保护问题，但是数据集合作为衍生数据生产的中间产品，是指那些经过加工、细致分析、精准挖掘等一系列处理流程后所形成的数据集合，已然被纳入国际条约的保护范围之内。例如上文提及的 TRIPS 第 10.2 条和 WCT 第 5 条对于汇编数据的保护，欧盟也有专门的"数据库指令"用来保护加工后的数据集合，这些条约以及指令的颁布表明衍生数据作为新颖的数据类型，应当被纳入法律的保护范围。

3. 提高保护的标准和力度

各国数据知识产权保护法律体系和标准的差异，导致企业和权利人在跨境数据活动中难以准确判断自身权益的范围与保护程度。不同国家对于数据的所有权、使用权、收益权的界定存在分歧，导致企业在数据跨境交易、合作中面临诸多法律风险与不确定性。随着经济社会发展，国际条约致力于提高数据知识产权保护的确定性与可预见性。一方面，通过制定统一明确的规则，对数据知识产权的权利内容、取得方式、保护范围、侵权认定等关键要素进行清晰界定。过去对于数据侵权的认定相对模糊，如今国际条约和相关法律对数据侵权行为进行了更详细的分类和界定。并且对不同类型的侵权行为制定了相应的认定标准和证据要求，便于更准确地识别和打击侵权行为。另一方面，加强国际法律协调与合作，减少各国法律冲突。因为数据天然具有跨境流动的特点，各成员国为了更好地落实国际条约中的数据知识产权保护要求，积极对国内法进行调整与完善。许多国家开始修订知识产权相关法律法规，使其与国际条约的规定保持一致。通过制定国际条约，制定出一套普遍适用的数据知识产权保护规则，包括数据的定义、权利归属、保护期限、侵权认定等方面的统一标准。这将有助于促进数据的跨境流动和国际合作，降低跨国企业的合规成本，营造公平竞争的国际数字经济环境。同时成员国会根据国际条约适当更改自己本国的立法，使不同国家对于数据产权的保护达到同一标准线，有利于保护跨境公司对其数据的存储及利用，避免跨境企业的数据在与数据产权保护标准较低的国家的企业进行贸易时受到侵犯。在侵权认定和救济措施方面，各成员国也在参照国际条约的标准进行改进。各国普遍提高了对数据知识产权侵权行为的赔偿额度，不仅包括对权利人直接经济损失的赔偿，还包括对其间接损失、可得利益损失以及精神损害等方面的赔偿，使侵权人承担更大的经济责任，对于数据侵权行为的认定，成员国国内法也更加注重与国际条约中判断标准的衔接，并细化侵权判断的具体情形和考量因素。在救济措施上，各成员国会进一步完善民事、行政和刑事救济手段，提高对数据知识产权侵权行为的惩处力度，增加其侵权成本。

4. 注重促进数据共享和创新

在数字化浪潮席卷全球的当下，若对数据施行过度保护，必然会对数据的合理流动造成牵制。数据流动一旦受阻，则无法在多元主体、不同领域间有序流转，将对创新活动产生负面影响。基于此，为大力推动数据创新，国际层面已着手对数据产权所有者的权利予以适度限制。此举旨在强化数据的流通与利用效能，促使数据在更为广阔的空间内自由畅行，充分释放其价值潜力。[①] 以欧盟《数据法案》（Data Act）为例，第 29 条明确对数据处理商收取过高转换费用的行为加以限制。此规定避免了因高昂转换成本阻碍数据在不同主体间的正常流转，确保数据能够以合理成本实现流通。而第 33 条关于促进数据、数据共享机制与服务以及欧洲通用数据空间互操作性的条款，虽然仍然强调数据的排他性权利[②]，但是其立法目的是推动数据共享，虽然有其缺陷，但是仍有很多可取之处。《数字经济伙伴关系协定》（DEPA）的规定使在新加坡、智利和新西兰开展业务的企业跨边界无障碍地传输信息。CPTPP 不允许成员国强制要求企业将数据存储在本国境内，避免成员国通过数据本地化措施来限制数据的跨境流动，确保数据能够根据企业的需求和业务发展的需要，在全球范围内进行合理的存储和管理。从宏观层面构建起数据流通与共享的良好生态，有力推动了数据的广泛共享与高效运用。

我国于 2022 年 5 月加入《关于为盲人、视力障碍者或其他印刷品阅读障碍者获得已出版作品提供便利的马拉喀什条约》（以下简称《马拉喀什条约》），

---

① 向建琴，马飞成，王海燕. 知识产权条约对国际创新合作的影响：基于 1976—2017 年期间美国专利商标局专利的研究 [J]. 2021.

② Wolfgang Kerber. EU Data Act: Will new user access and sharing rights on IoT data help competition and innovation? [J]. Journal of Antitrust Enforcement，2024，12（2）：234–240.

虽然该条约并非直接针对数据产权，但该条约为盲人、视力障碍者或其他印刷品阅读障碍者获取已出版作品提供便利的相关条款，在一定程度上为未来数据产权在国际上的共享与交互利用提供了借鉴。① 这表明，通过合理的制度设计，在保障特定群体权益的同时，亦能实现资源的更广泛共享与利用，这对数据产权领域而言，无疑具有重要的指导意义。

除对数据所有者权利加以必要限制外，国际条约还通过构建合作机制与争端解决机制，全方位促进数据的共享与创新。数据共享协议以明确的条款规范不同国家和地区数据持有者的数据共享行为，清晰界定各方权利义务，为数据共享搭建起合法、有序的桥梁；合作研究项目则整合各方科研资源与数据优势，协同攻克科研难题，推动科技创新发展。这些合作机制有力促进了不同国家和地区间的创新协作，显著提升了创新的效率与质量。

3.2 国外数据知识产权法律制度的特色模式与借鉴价值

3.2.1 欧盟：严格保护模式与个人数据权利优先

欧盟作为全球数据保护立法的领航者，以保护个人数据为核心，以统一立法为执行目标，构建了一套全方位且严格的数据保护法律体系。其在数据保护领域的探索可追溯至"二战"时期，当时个人信息的大量泄露给民众带来了沉重灾难，也让欧洲社会深刻认识到保护个人信息的迫切性与必要性。此后，欧盟不断推动数据保护立法进程，逐步建立起了一套严密的数据保护法规网络，为个人数据权利提供了坚实保障。

1. 从早期探索到发展完善

20 世纪 70 年代起，欧洲各国的个人信息保护意识觉醒，纷纷开启个人数

---

① 林澄森.《马拉喀什条约》国际实践对中国的启示和实施路径研究［J］. 区域治理，2024（2）：106-108.

据保护法的制定进程。1970 年，德国《黑森州数据保护法》颁布，该法案的颁布具有开创性意义，它明确将国家行政机关及受国家监督的组织、机构和基金会纳入适用范围，旨在规范这些主体利用计算机和信息系统处理个人数据的行为，防止政府对私人生活领域的过度干预。这一时期的立法重点在于对政府公权力的约束，注重对个人数据权利的优先保护，保障公民在面对政府数据处理行为时的基本权利。随后，瑞典、奥地利、挪威、法国、丹麦等国也相继跟进，制定了各自的数据保护法。[①]

在对数据保护的早期探索阶段，欧盟首先推进的是对个人数据权利的法定化。为了加强对个人数据的保护，促进各成员国之间数据保护标准的协调统一，减少了因各国法律差异而导致的数据流动障碍，欧盟于 1995 年颁布了《关于个人数据处理中个人数据保护与自由流动的指令》（Directive 95/46/EC of the European Parliament and of the Council of 24 October 1995 on the protection of individuals with regard to the processing of personal data and on the free movement of such data，简称《个人数据保护指令》）。它明确规定了数据处理的基本原则，包括数据应合法、公正地处理，收集目的应明确、特定且合法，数据应准确、完整并及时更新，存储期限应合理等。[②]

从实际作用来看，《个人数据保护指令》在一定程度上促进了欧盟成员国之间数据保护标准的协调统一，减少了因各国法律差异而导致的数据流动障碍，为欧盟内部的数据自由流通奠定了基础。然而，该指令也存在一些不足之处。指令需要各成员国将其转化为国内法加以实施，在转化过程中，各成员国对指令的理解和执行存在差异，导致实际效果参差不齐，难以达到预期的治理效果。

在加强对个人数据保护的同时，欧盟对数据库的知识产权保护方面进行了重要探索。1996 年，欧盟颁布了《数据库保护指令》（Directive 96/9/EC of the European Parliament and of the Council of 11 March 1996 on the legal protection of databases），其核心在于构建了一种"双轨制"模式来保护数据库。[③] 一方

①　易磊. 欧盟法中个人数据保护与商业利用的平衡模式研究 [J]. 德国研究，2022，37（5）：80-96，116.

②　张金平. 欧盟个人数据权的演进及其启示 [J]. 法商研究，2019，36（5）：182-192.

③　顾心瑜. 域外数据知识产权保护立法的启示 [J]. 中国外资，2024（21）：106-109.

面，对于基于数据的独创性选择与编排所形成的数据库，该指令将其视为汇编作品，纳入著作权保护范围。另一方面，对于那些不具备独创性的数据库，指令创设了一种"特殊权利"（sui generis right），即禁止他人未经许可擅自提取或复制数据库的实质内容。这一规定拓宽了法律对数据库的保护范围，使那些虽缺乏独创性，但制作者在数据收集、筛选、整理等方面投入了大量成本的数据库也能得到法律保护。

然而，《数据库保护指令》在实践中引发了广泛争议。在保护期限方面，指令规定了长达 15 年的保护期，且存在无限延长的可能性，这使得数据库权利近乎具有无期限的财产权利性质，这可能导致数据垄断现象的出现。与《个人数据保护指令》的执行情况相似，《数据库保护指令》本身的条文多为原则性规定且不能直接适用，导致其在各个成员国将其转化为国内法时出现明显差异，难以在各国之间统一适用，无法有效推进欧盟一体化的进程。

2. 成熟与强化阶段

《个人数据保护指令》实施后并未使欧盟在个人数据保护方面形成真正的统一体，各国的法制水平参差不齐，难以在同等层面上落实指令要求。为了充分保护个人数据，欧盟于 2018 年颁布的《通用数据保护条例》（*General Data Protection Regulation*，GDPR）正式实施。这在欧盟数据保护立法进程中具有里程碑式的意义，标志着欧盟数据保护体系迈入成熟阶段。[①]

GDPR 的内容包括原则条款、一般条款、救济责任与相应的惩罚条款等，这些条款均可直接适用，有效解决了各国在适用《个人数据保护指令》时产生的诸多困境。另外，GDPR 将欧盟公民的个人信息保护提升至基本权利范畴，从多个维度对数据处理活动进行了严格规范。[②]

GDPR 的实施在全球范围内产生了深远影响，它的高标准为其他国家和地区的数据保护立法提供了重要参考，推动了全球数据保护水平的提升。一方面，GDPR 促使企业更加重视数据保护，加大在数据安全技术和管理方面的投入，以满足严格的合规要求。许多跨国企业纷纷调整内部数据管理流程，

---

① 夏菡. 国际法视野下欧盟数据治理立法发展及对中国的启示 [J]. 武大国际法评论，2023，7 (4)：106-118.

② 何波. 欧盟《通用数据保护条例》简史 [J]. 中国电信业，2018 (6)：60-63.

建立专门的数据保护团队，制定详细的数据安全策略。另一方面，不少国家和地区以 GDPR 为蓝本，纷纷制定或修订本国的数据保护法规。然而，GDPR 也因其对个人信息权利的过度保护，给企业带来了严苛的法律责任，在一定程度上引发了争议，如增加了企业的运营成本和合规难度，可能对数据产业的发展产生一定阻碍。

在 GDPR 的严格保护下，大数据时代的新挑战日益严峻，数据流通在经济社会发展中的作用越发凸显。为了促进政府、企业与个人之间的数据流通分享，2022 年 6 月 23 日，欧盟制定的《数据治理法》正式生效。法案允许企业及研究机构在充分尊重隐私权和保护知识产权的前提下，附条件地访问以往可能因隐私保护、商业秘密或知识产权限制而无法获取的数据资源。这一举措打破了以往数据流通中的诸多限制，确保 GDPR 能够持续适用，为企业和研究机构提供了更广阔的数据获取空间。[①]

3. 现实挑战与发展趋势

从《个人数据保护指令》的探索到被称为最严格的数据保护法案的《通用数据保护条例》的出台，再到促进企业数据共享与公共数据再利用的《数据治理法》的颁布，欧盟通过立法建立出一套颇为完善的数据保护法律体系，对企业数据、公共数据与个人数据进行了全方位的保护，同时也注重数据的流通使用，进而维护欧盟法律统一性与市场的竞争力。2022 年 2 月，欧盟委员会提出《数据法案》（Data Act）提案，并在 2024 年 1 月生效，该法案旨在进一步维护《数据治理法》的实践效果，并填补漏洞、疏通症结，为欧盟数据保护法律体系的建设增砖添瓦。

3.2.2　美国：多元平衡策略与商业利益导向

与欧盟的统一立法模式相反，美国的数据保护立法历程展现出鲜明的多元性与分散性特点。其立法并非一蹴而就，而是根据不同行业的数据特点和

---

① 孟圆，李思彤，马明阳. 国内外知识产权数据的开放共享与安全问题探讨 [J]. 中国发明与专利，2024，21（S2）：107-112.

需求，逐步构建起一套全面且细致的数据保护法律体系。美国的多元平衡策略能够快速且有针对性地满足特定行业的数据保护需求，有效保护各行业中个人数据的安全与隐私。美国作为全球科技和商业强国，众多企业依赖数据驱动创新和发展，因此在立法过程中，保障个人数据安全和隐私的同时，会充分考虑企业的商业利益，确保企业能够合法、合理地利用数据进行商业活动，避免过度严格的保护措施阻碍企业的创新和发展。

1. 多元化的数据保护立法

在数据保护的早期阶段，美国采取了按行业划分的分散立法模式。在金融领域，1999 年颁布的《格雷姆-里奇-比利雷法》（*Gramm-Leach-Bliley Act*，GLBA）具有重要意义。该法案旨在重塑金融服务行业格局，为金融行业的数据保护提供了基本框架，一定程度上规范了金融机构的数据处理行为，保护了消费者的金融信息安全。在医疗行业，1996 年制定的《健康保险流通与责任法案》（*Health Insurance Portability and Accountability Act*，HIPAA）旨在对受保护的健康信息（PHI）提供全面的法律保护。该法案提高了医疗行业对患者健康信息保护的重视程度，规范了医疗数据的处理流程，保障了患者的合法权益。1974 年颁布的《家庭教育权和隐私权法案》（*Family Educational Rights and Privacy Act of* 1974，FERPA）主要针对学生教育数据进行保护，为学生教育数据的保护提供了法律依据，保障了学生及其家长在教育数据方面的权利。[①] 对于数据的重视和保护，促使各行各业相继推出数据保护法案，建立起一套彼此分散又相互平衡的数据保护法律体系。

在一系列针对各行业的数据保护法案相继推出后，《加利福尼亚州消费者隐私法》（*California Consumer Privacy Act*，CCPA）于 2018 年 6 月正式颁布，并于 2020 年 1 月 1 日起生效实施。该法案是美国首部对个人数据进行全方位保护的法律，旨在提升加利福尼亚州居民对个人信息保护的认知水平，强制要求各机构在收集、处理及利用用户数据时保持更高的透明度，并赋予州内

---

① 高富平，王苑. 论个人数据保护制度的源流：域外立法的历史分析和启示 [J]. 河南社会科学，2019，27（11）：38-49.

居民知情权、访问权及删除权。①

一方面，CCPA 摒弃了以往通过分散法律对特定行业及数据类型提供保护的模式，转而直接针对在加利福尼亚州从事商业活动、收集及处理该州公民个人资料且符合特定标准的公司。另一方面，与欧盟《通用数据保护条例》（GDPR）将数据主体权利提升至公民"基本权利和自由"的宪法层面的立法宗旨有所不同，CCPA 更侧重于从维护公平的角度出发，调整消费者在企业掌控其个人信息时所处的弱势地位。②

《加利福尼亚州消费者隐私法》颁布后，其影响迅速扩大，被各州积极引用和借鉴。许多州开始参考 CCPA 的立法模式和内容，制定或完善本州的数据保护法律。这一趋势促进了美国在联邦层面推出数据立法的进程。

美国在经历了初期的分散立法和统一立法的探索后，首部联邦数据保护法案应运而生。2022 年 6 月 3 日，美国参议院和众议院联合发布了《美国数据隐私和保护法案》（*American Data Privacy and Protection Act*，ADPPA）。这部法案的诞生，标志着美国数据保护立法进入了一个新的阶段，体现了美国数据隐私权保护的基本价值观，对于平衡个人数据保护与商业利益，促进数据的合理利用具有重要意义。③

2. 保障数据的商业价值

在数字经济蓬勃发展的时代背景下，数据已成为企业创新和发展的核心驱动力。美国在数据保护立法过程中，深刻认识到数据保护与产业发展之间的紧密联系，致力于寻求两者之间的平衡。因此，美国的数据保护法案在保障个人数据安全和隐私的同时，注重促进数据的合理利用，推动数据产业的发展。美国通过法律明确规定企业在数据处理过程中的权利和义务，在《美国数据隐私和保护法案》中，对企业的数据最小化义务进行了规定，同时也

---

① 吴沈括，孟洁，薛颖，等.《2018 年加州消费者隐私法案》中的个人信息保护［J］. 信息安全与通信保密，2018（12）：83-100.

② 崔亚冰.《加州消费者隐私法案》的形成、定位与影响［J］. 网络法律评论，2017，21（1）：235-259.

③ 张新平，朱逸文. 美国个人数据保护法律制度的演进与启示［J］. 武汉科技大学学报（社会科学版），2024，26（5）：60-76.

为企业的内部研究等数据使用行为提供了一定的例外空间。这使得企业在遵守法律的前提下，能够充分发挥数据的价值，进行创新和发展。

在保护企业数据方面，1986 年颁布的《计算机欺诈和滥用法》（CFAA）旨在禁止未经授权或者超越授权，非法侵入他人计算机系统并造成损失的行为，对于"黑客行为"进行了定义和规制，明确了相应的法律责任。1998 年颁布的《数字千年版权法案》（DMCA）为数据库的保护提供了进一步的法律支持，禁止越过相应的技术措施，从而获取版权保护作品。[①] 从美国数据立法的演进历程来看，其初时倾向于仿照数据库特殊权利的财产权保护路径，而后被列为著作权法一部分的《信息集合体反盗版法案》与针对金融机构的《格雷姆-里奇-比利雷法》相继推出，使得美国的数据保护逐渐转向以维护竞争利益为核心的行为规制路径，最终确立了著作权法与反不正当竞争法并重的双重规制模式，即将符合独创性要求的数据库纳入著作权法的保护范畴，而对于不满足独创性标准的数据库，则通过竞争法进行规制。[②]

3. 美国立法模式的优劣

美国通过针对各行业的多元平衡立法策略，精准地满足不同行业的数据保护需求，有效应对各行业数据的独特性和复杂性。在数据保护立法中，美国同样巧妙地平衡了数据保护与商业利益，通过明确企业在数据处理过程中的权利和义务，在保障个人数据安全的前提下，为企业的创新和发展提供了空间，这一策略也为其他国家的立法工作提供了重要的参考。但由于各行业立法相对独立，缺乏统一的协调和整合，存在法律适用范围有限、规则不统一等问题，难以全面有效地应对日益复杂的数据保护挑战。

3.2.3 其他国家：特色经验与多元视角

1. 颇具特色的日本立法模式

在企业数据保护领域，日本独树一帜地采用了反不正当竞争法的行为规

---

① 高建成. 限制数据抓取行为的违法性认定：以美国干扰侵权理论为视角 [J]. 财经法学，2022（6）：81-95.

② 顾心瑜. 域外数据知识产权保护立法的启示 [J]. 中国外资，2024（21）：106-109.

制模式。在数据立法的萌芽阶段，日本也曾对欧盟的数据库特殊权利保护模式投以关注的目光，但数据库特殊权利自问世以来便深陷争议的泥沼，诸如可能导致信息垄断、阻碍数据流通等弊端饱受诟病，日本最终坚定地踏上了反不正当竞争法的规制道路。

为了有效保护企业数据，促进数字经济进一步发展，日本《反不正当竞争法》（*Unfair Competition Prevention Act*）应运而生。该法对侵犯限制提供数据行为的规制细致入微，为企业数据保护提供了坚实的法律保障。其第 2 条第 1 款第 11 项至第 16 项详细列出了侵犯限制提供数据行为的类型，包括不正当获取、使用或披露限制提供数据型，显著违反诚实信用原则型和转得型等三种类型。① 与商业秘密的保护不同，出于对数据交易和流通的考虑，日本《反不正当竞争法》在限制提供数据的相关条款中并未引入刑事制裁措施。刑事制裁措施可能会对数据交易产生较大的威慑作用，导致企业在进行数据交易时过于谨慎，从而阻碍数据的流通和共享。在数据经济时代，数据的流通和共享对于创新和经济发展至关重要，因此，日本立法者在制定法律时，选择不引入刑事制裁措施，以避免对数据交易造成不必要的阻碍。

在个人数据的界定方面，日本《个人数据保护法》（*Act on the Protection of Personal Information*，APPI）是数据保护领域中的核心存在，兼顾个人信息保护与企业数据利用之间的平衡。该法对于个人隐私信息的获取和利用过程进行了严格的规定，并对侵权行为设置了对应的制裁与惩罚措施，对于严重的个人数据侵权行为，可能会上升到刑事处罚的层面。同样，该法在个人数据跨境方面也进行了相应的限制，要求企业必须获得数据所有人的同意。②

日本的数据管理模式以现行的《个人信息保护法》为核心，通过增强数据流通与数据共享，建立数据流通组织与数据交易平台，促进数据在市场层面发挥效用，进一步维护数字经济在经济发展中的重要地位。因此日本并未设立专门的数据权利，而是以《个人信息保护法》为框架，以反不正当竞争法为手段，保护个人与企业的数据安全的同时，促进数据在社会之间流动并

---

① 李慧敏，王忠. 日本对个人数据权属的处理方式及其启示 [J]. 科技与法律，2019（4）：66-72，88.

② 李成熙，吴新年. 美欧日数据治理政策及实践的比较分析与启示 [J]. 数字图书馆论坛，2024，20（7）：11-18.

发挥经济效用。

2. 渐进式发展的英国立法

英国的数据保护立法理念围绕着数字经济的发展需求和公民隐私保护的双重目标，在欧盟《通用数据保护条例》的影响下不断加速立法进程，从《1998 年数据保护法》到《数字经济法》的逐步完善，充分体现了其立法的灵活性和适应性，以渐进式的发展模式推动数据保护的立法进程。

《1998 年数据保护法》（*Data Protection Act* 1998）在英国的数据保护立法进程中具有极为重要的地位，为数据保护法律体系奠定了基础。其内容详尽且全面，为个人数据的获取、持有、使用及披露等各个环节制定了细致入微的法律准则。鉴于信息技术与经济社会的快速发展对数据保护提出了更为严苛的要求，英国政府精心策划了"数字英国计划"并颁布了《数字经济法》（*Digital Economy Act*），旨在借助数字技术推动经济社会的全面进步与政府治理模式的转型。①

2010 年，英国政府正式颁布了《数字经济法》，该法共计 48 条，涵盖了多个关键领域的法律规制，主要关注重点为数字媒体相关的管理与使用规则问题。随着全球数字经济的迅猛发展，原有的《数字经济法》逐渐暴露出一些不足，难以满足数字产业蓬勃发展与消费者权益保护的迫切需求。因此，英国政府于 2016 年启动了对该法的修订工作，并于 2017 年正式通过了修订后的《数字经济法》。新版本在数字基础设施保护与数字化服务保障方面进行了全面升级，不仅限于对数字媒体的管理规范，而是扩充为对数字服务的全方位规制与保护，为英国数字经济的发展提供了更为坚实的法律支撑。②

英国作为普通法国家，选择使用立法措施对数据进行保护和规范，在大数据时代进一步促进数字经济的发展，同时保护公民的个人隐私。在立法层面，英国对原有的《数字经济法》采取了升级措施，而非完全颠覆，其渐进式的立法模式更有利于对数据经济这一涉及国家多方面的系统性工程进行保

---

① 王喜文.《数字英国》：力图打造世界"数字之都"[J]. 信息化建设，2010（11）：47-48.
② 刘阳. 英国《数字经济法（2017）》的核心内容及启示 [J]. 经济法论丛，2019（1）：315-336.

护与促进，推动经济市场健康发展。

3. 欧盟、美国、英国和日本数据保护法律体系对比

欧盟、美国、英国和日本的数据保护法律制度在多个方面存在显著差异。在立法模式上，欧盟采用统一立法，以《通用数据保护条例》为核心，为各成员国提供统一标准，旨在构建一个协调一致的数据保护框架，增强区域内数据保护的统一性和协调性。美国则呈现多元平衡策略，联邦和各州依据自身情况制定法律，这种模式能较好地适应不同地区的实际需求，但也容易导致法律适用的复杂性和不一致性。英国紧跟全球重视大数据发展的步伐，以渐进式立法模式促进数字经济的快速发展。日本则侧重于私法路径，通过《反不正当竞争法》等私法手段，从市场竞争角度间接保护数据，同时提倡数据共享在经济发展中的作用。

在数据保护范围方面，欧盟对个人数据的保护范围极为宽泛，涵盖多种可识别个人的信息，并通过《数据库保护指令》保护数据库制作者权益；美国在个人数据保护上，联邦和各州法律有别，重点保护敏感信息，企业数据则主要依靠反不正当竞争法和商业秘密法；英国与欧盟类似，个人数据保护范围广，企业数据通过多种法律手段间接保护；日本对个人数据通过统一立法来保护，企业数据通过反不正当竞争法规制市场行为的方式来保护。

各国（地区）的数据保护法律制度也存在一些共性。随着数字经济的发展，都愈发重视数据保护，不断完善数据保护法律体系，以适应快速变化的数字环境。在个人数据保护方面，都将个人数据视为重要权益予以保护，强调数据主体的基本权利，以保障个人对其数据的一定控制权。在企业数据保护上，虽方式不同，但都认识到企业数据的重要价值，通过不同法律手段维护企业在数据方面的合法权益，促进企业数据的合理利用和保护。

3.3 我国数据知识产权法律制度的演进路径与方向完善

3.3.1 我国数据知识产权发展历程回顾与关键节点分析

我国数据知识产权的发展历程可划分为起步阶段、政策推动阶段、试点探索阶段，以及快速发展阶段，各阶段对数据知识产权制度的构建均发挥着关键的推动作用。

1. 起步阶段

2015 年之前，随着大数据概念的兴起，数据知识产权相关问题开始引起关注。然而该阶段关注层面尚浅，不足以明晰数据知识产权的相关概念并进行系统研究，数据市场中关于数据资产的交易习惯也尚待发展，司法实践中亦缺乏涉及数据纠纷的裁判依据。由此，数据知识产权的确认与保护几乎处于空白阶段。

2. 政策推动阶段

2015 年，国务院印发了《促进大数据发展行动纲要》，着重强调大数据作为新型生产要素的战略地位，系统部署了大数据相关工作，尤其是公共数据的开放共享，指出发展万众创新大数据，形成大数据产品体系。① 此时，数据主要作为技术或发展手段被鼓励应用，尚未将数据与知识产权相结合，从财产利益的视角构建数据知识产权制度。但该文件为数据知识产权的发展奠定了政策基础，开启了我国数据知识产权政策推动的新阶段。

2016—2020 年，随着数字经济快速发展，关于数据的纠纷逐渐增多，此时法院多援引《反不正当竞争法》的一般条款，以规制不正当竞争行为的方

① 《国务院关于印发促进大数据发展行动纲要的通知》（国发〔2015〕50 号）。

式，对企业数据进行保护。另外，这一阶段围绕数据知识产权的讨论也广泛兴起，数据知识产权的理论由此丰富，为数据知识产权后续政策制定提供了科学依据，也为相关制度的建立创造了良好理论环境。

3. 试点探索阶段

2021 年，《知识产权强国建设纲要（2021—2035 年）》与《"十四五"国家知识产权保护和运用规划》相继发布，提出构建数据知识产权保护规则，标志着数据知识产权制度构建进入实质性推进阶段，明确了数据知识产权保护的中长期目标和任务，为各地开展试点工作提供了政策指引，推动了数据知识产权保护工作从理论研究向实践探索转变。

2022 年数据知识产权的基本内容已初步明确，同时北京、上海、浙江等八地作为数据知识产权工作的试点地方，相继出台实施方案、登记管理办法等配套文件，数据知识产权登记工作由此展开。[1] 试点地区的积极探索，为构建统一的数据知识产权制度提供了实践基础和有益借鉴。

2023 年，首例涉及《数据知识产权登记证》效力认定案件由北京互联网法院开庭审理，明确了数据知识产权登记证书的证明效力，为我国数据知识产权登记实践提供了有力的司法支撑。[2] 同时该案也引发各界对于数据知识产权登记制度的效力及功能定位等问题的研究与反思，[3] 是数据知识产权司法的重要实践经验，同时也是对数据知识产权登记制度效果的深刻检验。

4. 快速发展阶段

截至 2024 年，已有上海、浙江、北京等 16 个省级地方公布并施行数据知识产权登记管理办法，数据知识产权登记制度的试点范围进一步扩大，各地探索和创新数据知识产权制度建设的积极性得以充分调动，在制度建设、登记管理、保护机制等方面的协同合作不断加强，形成了全国范围内数据知

---

[1] 《国家知识产权局办公室关于确定数据知识产权工作试点地方的通知》（国知办函规字〔2022〕990 号）。

[2] 北京互联网法院两案入选 2024 年度 AIPPI 中国分会版权十大热点案件［Z］. 北京互联网法院，2024.

[3] 杨东，何玥. 数据知识产权登记制度的基本逻辑与发展面向［J］. 行政管理改革，2024（11）：44-55.

识产权保护协同推进的良好格局，既体现了数据知识产权保护的地域特色，又为全国范围内制度的统一和完善提供了更多的实践样本和参考依据，推动了数据知识产权保护工作的全面深入开展。

2024 年 11 月，浙江省市场监督管理局（省知识产权局）联合北京、上海、广东、江苏、陕西、山西等 21 个省市共同启动数据知识产权生态建设，标志着我国数据知识产权保护工作从局部试点向全国协同推进的转变。① 各地通过加强合作与交流，共同探索数据知识产权保护的新模式、新机制，为后续登记证书跨区域互认提供契机，为数据知识产权的全国一体化保护奠定了基础。

3.3.2　我国现行法律体系下数据知识产权的保护规定与衔接问题

1. 现行法律框架下的保护雏形

当前数据知识产权尚未成为我国法律的调整对象，但现行法律中存在许多与数据知识产权密切相关的条文。

民法典作为民事领域的基本法，在数据知识产权保护方面起到了基础性的作用。民法典构建的知识产权基础体系中，对知识产权的客体采取开放模式，为数据等新兴知识产权客体的纳入提供了法律空间。② 然而，其他法律未将数据规定为知识产权客体，对数据的保护规定也十分有限。由此，虽然民法典为数据知识产权预留了空间，但条文缺乏实际可操作性，具体的数据知识产权制度有待进一步探索构建。

著作权法以汇编作品的形式保护数据知识产权，要求数据的汇编体现作者的个性选择与编排，即满足作品的独创性要件。然而汇编作品保护的是数据的独创性表达，换言之，著作权法不保护不具有作品意义上的独创性的数据。一方面，不具有独创性，但经人力物力投入产生的具有商业价值的数据被排除于著作权法保护之外；另一方面，著作权法保护的并非数据本身，而是汇编数据的独创性表达。由此，著作权法难以对数据的实质性内容提供完

---

① 第七届世界浙商大会数据知识产权生态建设、赋能浙商新飞跃活动在杭举办 [Z]. 浙江省市场监督管理局，2024.

② 刘鑫. 大数据时代数据知识产权立法的理据与进路 [J]. 知识产权，2023 (11)：42-59.

整、全面的保护，但此部分内容恰恰是数据保护的价值所在。[①]

相较于著作权法的有限保护，当前有关数据知识产权的纠纷，主要依靠反不正当竞争法来解决。反不正当竞争法重视数据商业价值的保护，法律条文操作性更高，能够及时制止针对数据知识产权的侵权行为，为权利人提供及时有效的救济。然而此种方式不利于制止非竞争者对数据权益的侵害，同时也弱化了法律的指引功能，[②] 对企业数据权益的保护模式有待进一步探索。

各数据知识产权工作试点出台的数据知识产权登记管理办法涵盖了主体、对象、登记程序等方面内容，不仅为数据知识产权的保护提供了实践经验和案例积累，也为国家层面的立法完善提供了有益的参考和借鉴。通过地方试点的不断摸索和实践，我国的数据知识产权登记制度将逐步发展完善。

2. 数据知识产权与其他部门法的衔接问题

（1）法律体系的统一性问题

如前所述，我国尚未有法律将数据知识产权作为保护客体，现阶段对于数据知识产权的保护的规定呈多部门法零散分布，部分规定存在交叉、冲突，对数据的保护存在不周延、不协调等问题，难以满足数据知识产权的保护需求，亟需构建一个跳出传统法律框架的，又能与传统法律框架协调融合的数据知识产权制度，给予数据知识产权以全面完整的保护。

（2）数据的多重属性问题

数据具有多重属性，包括经济属性、技术属性和法律属性等。这使得数据知识产权的保护需要综合考虑不同部门法的规定。然而，各部门法对数据的多重属性保护存在片面且衔接不足的问题。例如，数据的经济属性要求其作为一种财产进行交易和利用，因此数据应当符合民法上的财产权利；数据的技术属性要求其在保护过程中考虑技术手段的应用，这与著作权法中的技术保护措施相契合，同时又可能使数据满足商业秘密构成要件；数据的法律

---

① 冯晓青，沈韵. 企业数据财产权的制度构建 [J]. 科技与法律（中英文），2024（6）：1-10.
② 高阳. 衍生数据作为新型知识产权客体的学理证成 [J]. 社会科学，2022（2）：106-115.

属性要求其收集、加工等过程中符合法律规定，这就需要《反不正当竞争法》《数据安全法》等法律的协调。然而，目前这些法律在数据的多重属性保护方面缺乏有效的衔接机制，导致在实践中难以形成综合保护体系。

（3）数据流通与安全的平衡问题

数据知识产权的保护需要在数据流通与安全之间找到平衡。一方面，数据作为一种重要的生产要素，需要在市场中自由流通，以促进创新和经济发展；另一方面，数据的流通带来个人信息的泄露等安全风险，需要通过法律手段进行规制。然而，目前各部门法在数据流通与安全的平衡方面存在衔接不足的问题。例如，《数据安全法》强调数据处理者的数据安全保护义务，但缺乏与数据知识产权保护的有效衔接机制，导致在数据跨境传输等方面，企业面临法律风险和合规困境。①

（4）地方性法规与国家法律的衔接问题

为推动数据知识产权保护，各地纷纷出台了数据条例等地方性法规，在数据知识产权保护方面进行探索和创新。然而，由于各地经济发展水平、数据产业发展状况和立法理念存在差异，地方性法规在数据知识产权保护的具体规定上也存在差异，在数据知识产权异地流通与互认方面形成壁垒。

数据知识产权与各部门法的衔接问题，是当前数据知识产权保护体系面临的重要挑战，影响数据知识产权的有效保护，制约数据产业的健康发展，需要进一步加强立法研究和制度设计，明确各部门法在数据知识产权保护中的职责和边界，建立有效的衔接协调机制，以实现数据知识产权保护的法律体系的科学性、协调性和有效性，为数字经济时代的创新发展提供坚实的法律保障。

3.3.3　我国数据知识产权制度的完善建议与战略展望

完善数据知识产权制度，不仅关乎企业创新动力的激发，更是推动数字

---

① 谢玮，何波. 中国数据法律制度体系研究［J］. 大数据，2024，10（1）：141-156.

经济健康发展的关键所在。从政策支持、市场需求、制度建设、技术创新以及专业服务市场等多维度，可以窥见数据知识产权制度的完善路径与发展前景。

1. 政策支持不断强化

（1）顶层设计逐步完善

党的二十届三中全会提出"加快建立数据产权归属认定、市场交易、权益分配、利益保护制度"，为数据知识产权制度的构建指明了方向。[①]《中共中央办公厅　国务院办公厅关于数字贸易改革创新发展的意见》进一步强调"研究构建数据知识产权保护规则"，这为数据知识产权制度的构建提供了明确的政策指引和发展方向。政府应继续加强顶层设计，细化相关政策法规，确保数据知识产权制度的实施具有可操作性，为数据产业的健康发展提供坚实的政策保障。

（2）地方试点积极推进

上海市、浙江省等多个试点城市，作为国家知识产权局确定的首批数据知识产权试点地方，全面完成了规则制定、登记实践、权益认定、交易使用、数据资产入表等全链条试点工作。[②] 对各地数据知识产权制度的探索建立提供了全链条的有益经验，能够促使各地因地制宜，开展数据知识产权试点工作，探索适合本地的数据知识产权保护模式，形成全国范围内数据知识产权保护的协同共进局面，促进全国数据知识产权保护水平的整体提升。

（3）国际合作日益加强

随着全球化的深入发展，数据跨境流动日益频繁，数据知识产权的国际合作成为必然趋势。我国积极参与数据跨境流动国际规则制定，推动数据跨

---

① 魏亮. 专家解读之四丨统筹布局国家数据基础设施，夯实数据要素价值释放基础［Z］. 国家数据局，2025.

② 李杨芳. 建立"流动的秩序"护航数字经济发展：北京市全链条推进数据知识产权试点工作［N］. 中国知识产权报，2025-01-02.

境流动双边多边协商，推进建立互利互惠的国际数据规则。这将有助于我国在国际数据知识产权领域占据更有利的地位，提升我国数据产业的国际竞争力。未来我国应进一步加强与世界各国在数据知识产权保护方面的交流与合作，积极参与国际标准的制定，推动形成公平、合理、有效的国际数据知识产权保护规则，为我国数据产业的国际化发展创造良好的外部环境。

2. 市场需求持续增长

（1）数字经济发展的必然要求

数据逐渐成为经济高质量发展的重要支撑，企业对数据价值的重视程度不断提高，数据知识产权业务的市场需求将持续增长，特别是在高新技术产业、文化创意产业等领域，数据已经成为企业的核心竞争力，对数据知识产权的保护和利用需求与日俱增。因此，数据知识产权制度的完善应充分考虑数字经济发展的需求，为企业提供明确的数据知识产权保护规则，鼓励企业加大对数据的投入和创新，促进数字经济的繁荣发展。

（2）数据产业规模不断扩大

2025年1月6日，国家发展改革委、国家数据局、工业和信息化部联合印发《国家数据基础设施建设指引》，国家数据局副局长陈荣辉在接受记者采访时表示，相关数据显示，我国数据企业数量已超过19万家，产业规模突破2万亿元，年均增长率达25%以上。有研究机构预测，数据流动量每增加10%，将带动GDP增长0.2%，数据流动对各行业利润增长的平均促进率为10%左右。数据产业的快速发展，使得数据知识产权保护的重要性愈发凸显，其市场需求也将随之水涨船高。数据知识产权制度的完善应紧跟数据产业发展的步伐，及时调整和优化相关制度，以满足不断增长的市场需求，为数据产业的持续健康发展提供有力的法律保障。

3. 制度建设不断完善

（1）产权分置创新突破

中共中央、国务院发布的"数据二十条"跳出所有权思维定式，创新性构建数据资源持有权、数据加工使用权、数据产品经营权"三权分置"的产权运行机制,[①] 有助于明确数据在不同环节各参与主体的权益,促进数据的合理流通和有效利用,为数据知识产权制度的进一步完善奠定了基础。建议进一步细化"三权分置"的具体规则,明确各权利的边界和行使方式,确保数据在不同主体之间的流转顺畅、权益清晰,充分发挥数据的价值。

（2）确权授权机制逐步明确

明确公共数据、企业数据、个人数据的确权授权机制,加大公共数据开放共享和开发利用,探索个人数据合规使用的方法路径,鼓励企业"用数赋能""逐数兴业",激发数据要素市场的活力,促进数据资源的高效配置和价值释放。应当进一步完善确权授权机制,简化确权流程,降低确权成本,提高确权效率,同时加强对授权行为的监管,确保数据的合法合规使用,保护数据权利人的合法权益。

（3）权益保护不断强化

随着数据来源者和数据处理者相关的合法权益保护的不断发展,数据权利人的合法权益得到了更有力的保障,进一步增强了社会对数据知识产权的信任和信心,推动数据的广泛流通和深度应用。同时也要加大数据知识产权侵权行为的打击力度,提高侵权成本,建立健全侵权赔偿机制,确保数据权利人能够获得充分的赔偿,维护数据市场的公平竞争秩序,为数字经济的可持续发展奠定坚实的制度基础。

4. 技术创新助力发展

（1）提升保护效率

人工智能、大数据、区块链等新技术在数据知识产权保护领域的应用将不断深化。例如,利用区块链技术的不可篡改和可追溯特性,可以实现数据

---

① 王利明. 数据何以确权［J］. 法学研究,2023,45（4）：56-73.

的精准确权和有效存证，提高数据知识产权保护的效率和可靠性；[1] 通过大数据分析技术，可以对数据的使用和流通情况进行实时监测和预警，及时发现和打击侵权行为。[2] 数据知识产权制度应鼓励和支持技术创新在数据知识产权保护中的应用，为新技术的应用提供法律依据和保障，推动数据知识产权保护技术的不断创新和发展。

（2）拓展保护边界

技术创新将不断拓展数据知识产权保护的边界和领域。随着数据技术的不断发展，新的数据类型和应用场景将不断涌现，数据知识产权制度需要不断适应和调整，以涵盖这些新的领域和对象。[3] 例如，生成式人工智能产品的出现，对数据知识产权保护提出了新的要求，需要在现有制度框架下进行创新和完善，以保障其合法合规发展。数据知识产权制度应具有一定的前瞻性和灵活性，能够及时应对技术创新带来的新挑战，为数据产业的创新发展提供广阔的法律空间。

5. 专业服务市场繁荣

（1）服务机构数量增长

截至 2023 年年底，我国提供知识产权服务的机构数量约为 8.9 万家，同比增长 2.9%。[4] 随着数据知识产权制度的不断完善和市场需求的持续增长，预计未来提供数据知识产权服务的机构数量将不断增加，形成更加专业化、多元化的服务市场格局。建议加强对数据知识产权服务机构的培育和支持，鼓励社会资本进入数据知识产权服务领域，提高服务机构的专业化水平和服务质量，为数据知识产权权利人提供更加优质、高效、专业的

---

① 吴玉明. "区块链+执行"：技术创新赋能解决执行难 [C] //上海市法学会. 2021 年世界人工智能大会法治论坛文集，2021.

② 张振宇. 民事公益诉讼在个人信息保护中的实现机理 [J]. 政法论坛，2024（5）：64-77.

③ 徐棣枫，陈鹏玮. 面向新质生产力：构建与新技术相适应的知识产权规则体系 [J]. 知识产权，2024（5）：60-81.

④ 国家知识产权局知识产权发展研究中心. 2024 年全国知识产权服务业统计调查报告 [R]. 2024.

服务。

（2）服务质量和效率提升

在市场竞争的推动下，知识产权服务机构将不断提升服务质量和效率，加强专业人才队伍建设，提高技术创新和应用能力，为数据知识产权权利人提供更加优质、高效、专业的服务。数据知识产权制度应重视对数据知识产权服务机构的监管，规范服务市场秩序，建立健全服务机构的准入和退出机制，促进数据知识产权服务市场的健康发展。

（3）新业态新模式涌现

数据知识产权服务市场将不断涌现新的业态和模式。例如，数据知识产权交易平台的建立，将为数据的流通和交易提供更加便捷、高效的渠道；数据知识产权评估机构的出现，将有助于对数据资产的价值进行科学评估，促进数据资产的融资和投资。数据知识产权制度应积极引导和支持数据知识产权服务新业态新模式的发展，为其提供良好的政策环境和法律保障，推动数据知识产权服务市场的创新和发展。

数据知识产权制度的完善是数字经济时代的重要课题。在政策支持不断强化、市场需求持续增长、制度建设不断完善、技术创新助力发展以及专业服务市场繁荣的背景下，数据知识产权制度将迎来广阔的发展前景。未来应继续加强顶层设计，完善相关政策法规；积极推进地方试点，形成全国协同共进的局面；加强国际合作，提升我国在国际数据知识产权领域的话语权；紧跟数据产业发展需求，及时调整和优化数据知识产权制度；鼓励技术创新在数据知识产权保护中的应用，拓展保护边界；培育和支持数据知识产权服务机构，规范服务市场秩序。通过多方面的努力，不断完善数据知识产权制度，为数字经济的高质量发展提供坚实的法律保障，推动我国数据产业在全球范围内占据领先地位。

第4章

数据知识产权的登记对象与法律效力

4.1 数据知识产权的概念争议

自 2022 年国家知识产权局开展数据知识产权试点工作以来，数据是否属于知识产权客体这一问题再次引起立法、司法、理论、实践各方的广泛讨论，成为上海、浙江等试点地方推动数据知识产权登记工作不可回避的焦点问题之一。因此，有必要对数据知识产权的概念范围加以界定，并对其核心特征进行解析。

回顾我国立法历程可以发现，数据曾经差一点就成为知识产权的客体之一。2016 年 6 月，为回应司法与实践中对于数据保护的诉求，第十二届全国人大常委会第二十一次会议初次审议了《民法总则（草案）》，其中第 108 条采用列举方式将"数据信息"列入知识产权的客体范围，与作品、专利、商标等客体相并列，且以"法律、行政法规规定的其他内容"为兜底性条款，赋予行政法规规定知识产权客体的权力。尽管数据的无形性、可复制性、价值性等特征与现有知识产权客体极为相似，且我国已有大量涉及数据的司法案件适用《反不正当竞争法》由知识产权法庭审判，在理论与实务中具有将数据纳入知识产权客体的可行性。但是，将"数据信息"作为知识产权客体的立法方案仍然在当时引起了广泛争议。如何理解该条款中的"数据信息"，究竟是"数据和信息""数据或信息"，还是"数据的信息"，均无法给出具有绝对说服力的解释。

2017 年 3 月，第十二届全国人民代表大会第五次会议通过的《民法总则》将"数据信息"从知识产权的客体类型中删除，并以"法律规定的其他客体"为兜底性条款。2020 年 5 月，第十三届全国人民代表大会第三次会议通过的《民法典》第 123 条吸收了《民法总则》中的知识产权客体条款，并通过第 127 条规定了专门的数据专条："法律对数据、网络虚拟财产的保护有规定的，依照其规定。"从现行《民法典》的条款表述来看，数据并未直接列入知识产权的客体范围，且知识产权的客体必须由法律规定，而不能通过行政法规等其他方式加以规定。

2021 年 6 月，第十三届全国人民代表大会常务委员会第二十九次会议通过《数据安全法》，其中第 3 条第 1 款规定："本法所称数据，是指任何以电子或者其他方式对信息的记录。"该条款虽然简短，但却在立法层面上明确了数据与信息的关系：数据是记录形式，信息是被记录的内容。虽然数据与信息并不在同一个层面，但通过数据能够获取或识别出信息。但是信息与数据并非唯一对应关系，对于同样的信息，其记录方式可以存在不同，既可以通过电子数据方式记录，也可以通过传统纸质文字方式记录。

尽管数据不等于信息，但由于其是对信息的记录，获取数据就具备了接触信息的可能性，因此，对数据进行保护的价值与对信息本身进行保护的价值相当。甚至在特定场景中，数据所承载的信息可能属于公共领域或知识产权的保护的排除客体，例如：官方统计数据、法律法规、科学发现等，不适合被特定主体所垄断，但是这些数据本身却具有一定的竞争价值。尤其在人工智能时代，数据是与算法、算力并重的三大支柱要素之一，即使是公共数据，经特定算法加工处理后所形成的数据产品也可能具有极为广阔的应用场景与经济效益，相较于物、行为、人格利益与身份利益等其他民事客体，数据的特征与知识产权更为近似，其价值实现方式、保护路径也与知识产权的制度模式更为契合，通过知识产权客体扩张的历史路径，以及知识产权保护智慧成果的制度本质，以"数据知识产权"的试点概念对数据相关权益加以保护成为相对合适的进路。

4.2 数据知识产权的登记对象及登记要件

4.2.1 登记对象

登记对象涉及可予或应予登记的具体客体问题，是探寻数据权利产生的载体的基础性问题。① 在现有相对成熟的知识产权制度框架下，数据难以被纳入著作权、专利权或商标权的保护客体范畴。其原因在于，数据作为对信息的客观记录，其本身不具有个性化表达，无法被视为《著作权法》意义上的作品。数据本身并非利用自然规律而形成的技术方案，故不属于《中华人民共和国专利法》（以下简称《专利法》）意义上的技术方案，无法对数据授予专利权。通常情况下数据是由计算机而非人类加工处理，在市场中缺乏显著性与可识别性，无法用于区分商品与服务来源，故数据不能被作为标识纳入《中华人民共和国商标法》（以下简称《商标法》）的保护范畴。

实践中，数据具有实用价值或商业价值，能够成为企业建立竞争优势的资源，因此数据合法持有人会选择将数据作为商业秘密加以保护。在我国近年来发生的数据权益纠纷案件中，不乏以适用《反不正当竞争法》商业秘密条款加以审判的案件。然而，对于来源于公开渠道的数据或政府公共数据，尽管采集和加工数据需要花费成本和智力投入，但由于数据本身具有公开性，也难以成为适格的商业秘密保护对象。另外，从数据价值实现的角度来看，数据因流通而释放价值，如果数据收集者、数据加工者均将数据作为商业秘密保护起来，则无法充分发挥数据的最大价值。

通过对数据知识产权登记的方式，在现阶段能够尽可能平衡数据流通与数据保护的关系。如何确定合适的数据知识产权登记对象成为理论与试点实践中高度关注且争议不断的关键议题。国家知识产权局分别于 2022 年 11 月

---

① 冀瑜. 数据知识产权登记的理论证成与制度展开 [J]. 法治研究，2024 (6)：57-68.

和 2023 年 12 月确定了 17 个数据知识产权试点地方，对于数据知识产权的登记对象及其具体要求进行了不同的探索，因未检索到福建省的登记办法，以下仅对 16 个地方的登记对象及其具体要求进行梳理，如表 4-1 所示。

表 4-1　各试点地方登记对象及其具体内容

地方	登记对象	具体要求
北京市	数据集合	数据持有者或者数据处理者依据法律法规规定或者合同约定收集，经过一定规则或算法处理的、具有商业价值及智力成果属性的处于未公开状态的数据集合
广东省	数据集合	依法依规获取的、经过一定规则处理形成的、具有商业价值的数据集合
江苏省	数据	依法获取的、经过一定规则或算法加工处理、具有实用价值和智力成果属性的数据
山东省	数据集合	依法依规获取，经过一定规则处理形成的，具有实用价值、智力成果属性及非公开性的数据集合
上海市	数据产品	合法获取的数据资源经过实质性加工和创新性劳动后形成的具有智力成果属性和商业价值的数据加工集合、数据加工产品、数据技术算法等数据产品
深圳市	数据	依法依规获取的、经过一定规则处理形成的、具有实用价值的数据，且来源合法、权利清晰无争议，并能提供相关证明材料，来源包括自有数据、授权数据、购买数据、其他合法获取及加工处理的数据
浙江省	数据	依法收集、经过一定算法加工、具有实用价值和智力成果属性的数据
安徽省	数据集合	依法合规获取的、经过一定规则处理形成的、具有实用价值的数据集合
贵州省	数据集合	依法依规获取的、经过一定规则处理形成的、具有实用价值和智力成果属性的数据集合
河北省	数据集合	依法收集、经过一定算法加工（非完全采用 AI 技术）、具有应用价值和智力成果属性的数据集合
河南省	数据	依法合规获取的、经过一定规则处理形成的、具有市场价值和智力成果属性的数据
湖北省	数据集合	依法合规获取的、经过一定算法或规则处理后形成的、具有实用价值及智力成果属性的处于未公开状态的数据集合
湖南省	数据集合	依法获取并经过一定规则处理形成的，具有智力成果属性和商业价值的，可以电子或其他手段读取、识别或访问的数据集合
山西省	数据集合	依法依规获取的、经过一定规则处理形成的、具有实用价值和智力成果属性的数据集合

续表

地方	登记对象	具体要求
陕西省	数据集合	依法依规获取的、经过一定算法或者规则处理形成的、具有实用价值和智力成果属性的数据集合
天津市	数据集合	数据持有者或者数据处理者依据法律法规规定或者合同约定收集，经过一定规则或算法处理的、具有商业价值及智力成果属性的处于未公开状态的数据集合

从表4-1来看，数据知识产权登记对象主要分为三种方案：数据、数据集合、数据产品。江苏省、深圳市、浙江省、河南省将"数据"作为登记对象，北京市等绝大多数试点地方将"数据集合"作为数据知识产权的登记对象，上海市则将"数据产品"作为登记对象，同时对数据产品作出解释，包括：数据加工集合、数据加工产品、数据技术算法。上海市的登记对象兼顾了数据集合，并成为唯一对数据技术算法开展登记的试点地方。

从数据知识产权登记的要件来看，数据来源合法性、经过一定规则加工处理、具有价值性成为三大共性要件，而对于登记之前是否要求登记对象处于未公开状态，各试点地方的规定则有所不同。

4.2.2 数据来源合法性

数据来源合法是后续数据处理和交易的基础，无论是公共数据、个人数据、企业数据还是其他类型的数据，其来源必须符合相关法律法规的规定，才能够使可信、安全的数据进入数据要素市场流通与交易。此处的合法性要求并非仅指各数据知识产权登记试点地方所颁布的暂行办法，而是泛指在我国生效的全部法律法规。特别是在《数据安全法》出台之后，通过第32条第1款对获取数据的合法、正当性作出了法律层面的规定："任何组织、个人收集数据，应当采取合法、正当的方式，不得窃取或者以其他非法方式获取数据。"因此，只有来源合法的数据才具备进行数据知识产权登记的前提条件。在登记过程中，登记机构会要求申请人对数据来源的合法性作出承诺或进行审查，若数据存在非法收集的情况，例如未经授权窃取他人数据或通过其他违法手段获取数据，则不应当予以登记。

　　常见的数据来源有三类：一是公开渠道收集数据，二是协议取得数据，三是自行采集数据。公开渠道收集数据具有获取便捷、成本相对较低的优势，涵盖政府开放数据平台、学术数据库、社交媒体公开信息等。协议取得数据通过与数据拥有方签订具有法律效力的合同或协议，明确数据使用目的、范围、期限及双方权利义务。自行采集数据则给予主体对数据生成过程的完全掌控权，通过问卷调查、实验观测、传感器监测等方式获取一手数据。

　　对于公开渠道收集数据，其合法性判断需依据多维度的法律规范与行业准则。较为常见的是通过设置爬虫对公开数据进行爬取，一是判断是否遵循被爬取网站的 robots 协议，该协议虽非法律法规，却是互联网行业长期以来普遍遵循的技术规范，构建起网站所有者与数据获取者之间的基本秩序。如果爬虫软件遵循被爬取网站的 robots 协议，则此行为通常被认定为合法。二是判断是否在合理限度内进行数据的爬取，不对被爬取网站的正常运行造成影响其正常运行的流量负担。因此，对于通过公开渠道收集的数据，虽然数据本身是公开的，但收集方式也需合法合规，不能通过恶意爬虫技术，大量抓取其他网站的数据，干扰网站的正常运行，否则该行为将会因违反《网络安全法》《数据安全法》等相关法律法规而破坏数据来源的正当性。

　　对于协议取得数据，其合法性建立在数据出售方具有合法提供数据的权利之上，以及数据具有可转让性或可许可性。以承载个人信息的数据出售为例，数据出售方是否从特定个人处获得了明确、有效的授权，授权的范围是否与拟出售的数据范围一致，以及授权的使用期限是否涵盖数据交易的时间段等，均会对数据购买方取得数据的合法性产生影响。若数据出售方无法提供合法获取数据的证明文件，或者其获取数据的方式存在瑕疵，那么数据接收方极可能会面临数据来源合法性存疑的风险。

　　自行采集数据赋予了主体对数据生成过程的绝对掌控权。企业可依据自身业务需求和研究方向，灵活运用多种方式获取一手数据，如开展问卷调查，精准收集目标群体的反馈信息；通过实验观测，获取特定条件下的研究数据；利用传感器监测，实时采集物理环境或设备运行的数据。诚然，自行采集数据前期需投入大量的人力、物力成本，然而其能够获取高度契合自身需求、具有独特价值的数据资源。值得注意的是，数据收集并非简单的机械操作，而是融入了大量的智力投入，从调研方案的设计、数据采集点的选择，到数据的筛选与整理，每一个环节都凝聚着主体的智慧与创造力，因而具备知识产权属性。

数据来源的合法性还体现在拟登记的数据知识产权不得与在先既有权利相冲突。① 该要点在部分试点地方的登记规则里得到了制度化的明确。以上海为例，《上海市数据产品知识产权登记存证暂行办法》规定，若出现"数据产品侵害他人个人信息或者隐私"以及"数据产品系非法获取或者侵害他人知识产权"等情况，均属于不予登记的情形。该规定保障了数据知识产权登记的合法性与规范性，防止侵权数据产品通过登记获得不当保护，从源头上维护了市场秩序与权利人的合法权益。

4.2.3　经过一定规则加工处理

知识产权本质上是对人类创造性智力活动成果提供保护的法律机制，在数据领域，这一保护逻辑依然适用。单纯收集而来的原始数据，因缺乏人类创造性的深度参与，难以契合知识产权保护的制度逻辑。知识产权的保护范畴，要求成果具备一定程度的创造性与独特性，而原始数据仅为数据的初步收集，未体现人类智力的深度加工与创新。当数据历经一系列具有创造性的加工流程（如数据清洗、数据整合、数据分析等）后，数据处理者即融入了独特思考、创新方法以及专业技能。此时，经过加工的数据集合不再是简单的数据堆砌，而是凝聚人类智慧劳动的结晶，满足了知识产权所要求的创造性特征，具备了被纳入知识产权保护体系的基础。

数据知识产权登记与一般数据登记存在本质区别。一般数据登记主要侧重于记录数据的基本信息，如数据来源、收集时间等，旨在实现数据的管理与存储。而数据知识产权登记的关键在于充分体现知识产权属性，其核心判定依据是登记对象中存在切实凝聚人类智慧的劳动成果。登记对象不应仅仅是原始数据的简单堆积，或仅历经极为基础、浅层次的加工处理。对于大规模收集数据但未融入独特思考、创新方法或深度分析，或者仅进行数据格式

---

① 吴汉东. 数据财产赋权的立法选择 [J]. 法律科学（西北政法大学学报），2023，41（4）：44-57.

转换、少量数据筛选等简单操作，都不足以达到知识产权属性的认定标准，不应予以数据知识产权登记。只有当数据在加工过程中，融入了创造性的智力成果，展现出区别于原始数据的独特价值与创新性时，才符合数据知识产权登记的要求，从而获得相应的法律保护与权益确认。

在实践场景中，以申请人提交的专利文献数据产品为例，其数据集合仅局限于从相关数据库下载几十条专利全文，之后仅进行了部分著录项目字段的提取工作。从数据体量来看，几十条专利文献所构成的数据量相对较少，难以形成具备足够规模和深度的数据集。从加工处理程度而言，仅仅提取部分著录项目字段，远未达到深度加工的要求。更为重要的是，这种简单处理方式未能挖掘出数据字段之间潜在的逻辑关联，无法构建起数据之间的系统性联系，更难以呈现出数据在深度整合与分析后所产生的涌现性特征，即通过对数据的深度挖掘和处理，产生超越单个数据元素简单相加的新价值和功能。由于不满足经过一定规则加工处理，未能通过科学、系统、有深度的方法对原始数据进行处理，以实现数据价值的提升与创新，故此类情形不符合数据知识产权的登记要求。

原始数据虽蕴含潜在价值，但只有经过加工处理才能真正释放出数据价值，并展现出创新性与实用性。在具体的数据知识产权申请与审查阶段，各试点地方对于"经过一定规则加工处理"的标准有所不同。《上海市数据产品知识产权登记存证暂行办法》在对数据集合的定义方面，有着相对严谨且具有深意的表述，其将数据集合明确界定为"数据加工集合"。这一特定表述绝非偶然，而是反映出在上海市的试点工作中，数据是否进行了"加工"这一关键要素，对数据集合能否成功进行知识产权登记存证有着至关重要的影响。以金融领域为例，原始的交易数据如果仅仅是简单收集存储，其价值相对有限。但若专业人员通过复杂的算法对这些数据进行加工，分析出市场趋势、风险评估模型等，经过加工的数据就具有了独特的价值和创新性。只有经过加工的数据集合，才更有可能满足数据知识产权登记的条件，"加工"环节使得单纯的数据孤岛转变为具有知识产权属性的智力成果。

4.2.4 具有价值性

在当今数字经济蓬勃发展的背景下，数据因联通、流动而释放价值。从价值产生的角度，数据的产生、采集、汇总、整理等加工处理，构建了规模化的数据生产活动。[①] 数据知识产权登记要求所登记的对象具有价值性，各试点地方将其表述为"具有商业价值"或"具有实用价值"，尽管用词有所不同，但具有价值性的本质相同。

在数据知识产权登记中，不具备价值性的数据不应予以登记。首先，从资源分配角度来看，登记机构需要投入大量资源对登记申请进行审查，如果对没有价值性的数据也进行登记，会造成资源的浪费。其次，从知识产权本质目的出发，不具备价值性的数据往往缺乏创造性投入或者未能体现出对社会、经济发展的积极推动作用，不能为社会和经济带来实际效益，不符合知识产权保护的初衷。最后，从市场秩序维护的角度考虑，给予没有价值的数据知识产权登记将导致市场上出现大量低质量的数据知识产权，使得真正有价值的数据知识产权被淹没，增加了市场主体获取和利用高质量数据的难度和成本。

数据知识产权登记所要求的价值性，成为筛选有意义、有潜力数据的关键标准。只有具备价值性的数据，才值得通过知识产权登记的方式进行保护与规范，以促进数据的合理流通、高效利用与持续创新，推动数字经济的稳健发展与社会的全面进步。

4.3 数据集合的概念与特征

尽管北京市、广东省、山东省等 11 个数据知识产权试点地方以数据集合

[①] 高富平. 论数据持有者权：构建数据流通利用秩序的新范式 [J]. 中外法学，2023，35（2）：307-327.

作为登记对象，但均未对数据集合给出明确的定义。2024 年 12 月，国家数据局发布的《数据领域常用名词解释（第一批）》用数据集合解释数据资源："数据资源，是指具有价值创造潜力的数据的总称，通常指以电子化形式记录和保存、可机器读取、可供社会化再利用的数据集合。"现有学术研究也对数据集合给出了相关解释：数据集合是指由一定数量的符号化数据按照某种特定目的汇集在一起而形成的数据包（集合）。① 从上述解释及各试点地方的登记实践来看，数据集合并非仅是数据的简单汇集，还需要满足规模性、目的性、结构性等特征。

第一，数据集合应当具有规模性。从信息论的角度来看，数据作为信息的载体，其本身的无序和杂乱无章并不能直接产生价值。只有当数据按照特定的目的进行组织和整合，形成数据集合，才能实现信息的有序传递和有效利用。从数据集合的形成过程来看，数据集合的价值在于整体性和规模性，② 其基于遵循特定规则的数据选择与系统编排，是经过选择和编排后形成的，体现出单一数据数量上的变化以及在加工过程中获得更高的资源效用和信息价值。与未经加工处理的原始数据或单一数据相比，在数据集合的加工过程中进行了数据价值的深度关联与挖掘。尽管每一个数据都与特定信息相对应，但是数据作为集合、整体，其独立价值逐渐凸显出来。③ 例如，电子商务平台的每一条交易记录本身的价值非常有限，但如果将海量交易记录进行收集与处理，则能够成为商业决策的重要参考。

第二，数据集合应当具有目的性。该目的性体现在当数据集合服务于具体的应用场景时，通常是为了特定目的而汇聚特定数据，不可能不加筛选地汇聚全部数据。具有目的性的数据集合能够针对特定的问题或目标，筛选和整理相关数据，从而降低系统的不确定性，为决策和认知提供有力支持。例如电子商务领域，较为常见的是平台企业通过整合用户浏览记录、购买历史、搜索关键词等数据，挖掘商品之间的关联性与销售趋势，从而优化个性化推

---

① 孟奇勋，程伟佳，戴运. 我国数据知识产权登记制度试点改革路径研究 [J]. 科技进步与对策，2025（1）.

② 吕炳斌. 数据知识产权登记：商业秘密模式抑或数据库模式 [J]. 知识产权，2024（6）：62-79.

③ 数据知识产权保护中，数据权利保护如何开展：专家观点集萃 [J]. 大数据时代，2023（4）：68-80.

荐系统和营销策略。再如科研领域，科研人员依研究课题所需创建数据集合，气候科学家汇集全球气象站的气象、海洋温度、大气成分等数据，能够用于支撑后续的数据建模探寻气候变化规律、预测未来气候走向等。只有当数据集合具有明确的目的时，才能够引导数据的收集、整理和存储过程，提高数据之间的关联性和一致性。

第三，数据集合应当具有结构性。数据集合并非单一数据在数量上的简单累加，在数据结构、数据字段的选择方面必然具有一定的智力投入。数据集合通常用于支撑特定的数据分析项目，数据分析的目的在于从庞杂的数据中提取有价值的信息和知识，而这依赖于数据之间存在清晰的逻辑关系和组织形式。如果数据集合缺乏结构，数据将会处于无序状态，如同杂乱无章的仓库，难以快速定位和获取所需信息，因此结构性是体现数据集合具有知识产权属性的重要方面。在数据传输和共享过程中，结构性保证了数据能够准确、完整地在不同系统和用户之间传递。从长期维护和数据更新的角度，结构性也有助于保持在后数据与在先数据的一致性和稳定性。从智力投入角度来看，数据集合的构建通常需付出大量人力、物力以及时间资源，用于对原始数据的收集、清洗、整合与分析，其中的智力劳动使数据集合具备成为数据知识产权登记对象的属性。在数据知识产权登记实践中，部分试点地方要求申请人提交关于数据集合的结构说明，该说明文件成为衡量数据集合是否具有知识产权属性的重要考量因素。

除前述规模性、目的性、结构性等共性特征外，部分试点地方要求数据集合在登记之前应当处于"未公开"状态，类似于将新颖性作为判断是否予以登记的条件之一。例如，《北京市数据知识产权登记管理办法（试行）》第2条规定："数据知识产权的登记对象，是指数据持有者或者数据处理者依据法律法规规定或者合同约定收集，经过一定规则或算法处理的、具有商业价值及智力成果属性的处于未公开状态的数据集合。"如果数据集合符合商业秘密的构成要件，已经可以通过商业秘密的形式加以保护。[①] 由于该"未公开"条件尚未在所有试点地方之间达成共识，本部分不再展开讨论。

---

① 朱宝丽. 数据产权界定：多维视角与体系建构 [J]. 法学论坛，2019，34 (5)：78-86.

4.4 数据产品的概念与特征

2022 年 12 月，"数据二十条"提出了"三权分置"的数据权利配置架构，即数据资源持有权、数据加工使用权、数据产品经营权。可以看出，数据产品是数据加工之后的产物，与前述数据集合的概念有所差别。数据产品中的"产品"二字表明其已经具备了在市场中进行流通与交易的条件，其作为衍生数据的交易形态之一，核心价值基于在原始数据基础上经过深度加工、分析和挖掘所产生的具有更高层次信息含量的数据产品形态。

关于数据产品的定义，2024 年 12 月，国家数据局发布的《数据领域常用名词解释（第一批）》对数据产品和服务给出解释："数据产品和服务，是指基于数据加工形成的，可满足特定需求的数据加工品和数据服务。"在 2023 年海南省大数据管理局印发的《海南省数据产品超市数据产品确权登记实施细则（暂行）》文件中，将数据产品界定为："数据产品，是指经过加工处理后可计量的、具有经济社会价值的数据集、数据接口、数据指标、数据报告、数据模型算法、数据应用、数据服务等可流通的标的物。"上海市将数据产品作为数据知识产权的登记对象，区别于其他 16 个数据知识产权登记试点地方以"数据知识产权"命名登记办法，上海的登记办法名称为《上海市数据产品知识产权登记存证暂行办法》，直接指向"数据产品"，但采用广义的数据产品解释方式，将数据加工集合、数据加工产品、数据技术算法三种类型均囊括其中。

数据产品作为数据价值实现的理想状态，是数据价值链中的终极产品。现有学术研究表明，从最初数据资源的采集，产生原始数据资源，到经过清洗、入库变成标品，汇聚成数据集合，再到最后开发、衍生出数据产品，数据内部形成了"数据资源—数据集合—数据产品"三级递进的价值链条。[①] 数

---

① 申卫星. 论数据产权制度的层级性："三三制"数据确权法 [J]. 中国法学, 2023 (4): 26-48.

据集合是数据资源汇集形成的"半成品",而数据产品则是经加工形成的"成品"。数据产品本身相较于数据集合更具有知识产权的客体特征,在加工过程中运用算法等智力劳动使得数据资源能够满足知识产权客体的构成要素,从而落入知识产权的应有调整范畴。[①] 作为对原始数据进行生产加工后形成的产品,根据数据处理形式的不同,数据产品又可以分为汇集型数据产品和演绎型数据产品。[②]

数据产品基于对数据集合的深度加工、处理所形成,在一定程度上继承了数据集合的规模性、目的性、结构性等特征。在通常情况下,数据产品比数据集合投入的智力劳动更多,最终形成的数据产品也具有更强的实用性,因此数据产品也具有知识产权属性。在实际的数据处理和应用场景中,数据集合如同一个丰富的原材料库,不同的数据加工处理者可以基于自身的技术能力、业务需求和创新思路,对数据集合进行多样化的加工和处理,因此,同一个数据集合可以产生不同的数据产品。例如,对于包含大量用户消费行为的数据集合,电商企业可以从中提取用户的购买偏好、消费频率等信息,生成针对特定用户群体的个性化推荐数据产品,以提高用户的购买转化率和忠诚度;金融机构则可能更关注用户的消费金额、支付能力等方面的数据,通过风险评估模型和算法,将该数据集合转化为信用评估数据产品,用于评估用户的信用风险,辅助信贷决策;咨询公司还可能从该数据集合中分析出不同地区、不同年龄段用户的消费趋势和市场需求,形成市场调研报告数据产品,为企业的市场战略规划提供参考。可见,不同的目标能够挖掘出数据集合中不同层面和维度的价值,从而创造出功能、用途和应用场景各异的数据产品。

从学术研究与数据知识产权登记实践来看,数据产品是较为理想的登记对象,主要原因有三方面。第一,数据集合可以只是数据的简单汇聚,而数据产品则更强调对数据的加工处理和价值提升,其在对原始数据进行挖掘、分析和加工的过程中,融入了大量实质性加工和创新性劳动的智力成果,更具知识产权属性。第二,数据产品有清晰的结构、标准的数据格式,以及明

---

① 冀瑜. 数据知识产权登记的理论证成与制度展开 [J]. 法治研究, 2024 (6): 57-68.

② 毛立琦. 数据产品保护路径探究:基于数据产品利益格局分析 [J]. 财经法学, 2020 (2): 94-109.

确的应用场景，更适合交易流通。第三，对于同一个数据集合，采用不同的数据技术算法能够产生不同的数据产品，数据产品登记能够更加有效地盘活相关数据资源，最大限度发掘数据金矿。数据产品并非简单的在体例安排上具有一定独创性的结构性数据集合，而是具有关系性、创新性的数据智力成果。[①] 例如，在医疗领域，医院积累的大量患者病历数据可视为原始数据集合，通过对这些数据进行统计分析、疾病模型构建等一系列复杂处理，生成的关于疾病发病率趋势、特定疾病治疗效果评估等数据即为衍生数据，而以此为基础开发的能够辅助医生诊断疾病、制定治疗方案的数据软件或平台就是数据产品。

4.5　数据技术算法的概念与特征

数据技术算法基于数学、逻辑和计算机科学的原理设计，用于处理、转换和分析数据，以实现特定的目标或解决特定的问题。随着数据量的爆炸式增长，人类在直接对数据进行加工处理方面存在一定的局限性，只有利用计算机算法才可以读懂数据并进行处理，人脑和人眼则无法高效处理数据。[②] 通过高效的算法，可对数据进行快速筛选、分类和分析，发现数据中的潜在模式、趋势和关联，为企业和组织提供决策支持。数据技术算法对于挖掘数据价值具有至关重要的作用，通常用于从海量、复杂的数据中提取有意义的信息和知识，实现数据的增值。

数据算法与具有"创造性"的发明创造具有一定的共性，具备成为专利法中"创造"的可能性。[③] 因此，如果数据技术算法满足《专利法》规定的

---

① 贾丽萍. 数据知识产权的权利证成与规则展开 [J]. 法制与社会发展，2024，30（4）：205-224.

② 数据知识产权保护中，数据权利保护如何开展：专家观点集萃 [J]. 大数据时代，2023（4）：68-80.

③ 王淇，李牧. 数据知识产权保护的理论思考 [J]. 中国市场监管研究，2021（4）：11-13.

新颖性、创造性和实用性等条件要求，在一定条件下可以作为专利受到保护，该保护路径与数据知识产权登记并不互斥。但是，通过专利方式保护数据技术算法存在一些不足之处。首先，数据技术算法经常因为被视为抽象的思想或数学方法，难以清晰判定是否属于专利保护的客体范畴。其次，数据技术算法作为方法类技术方案只能申请发明专利，算法更新换代迅速，但发明专利从申请到授权则需要较长的周期，二者的时间匹配度无法对齐。最后，数据技术算法的运行依赖于多种软件和硬件环境，侵权行为的技术特征难以精确比对，增加了侵权判定的难度与成本。因此，将数据技术算法作为数据知识产权登记，能够与专利保护形成优势互补。

与数据集合、数据产品一样，数据技术算法也具有知识产权属性。从创新性角度看，算法常常代表着创新的数据处理思路，突破传统方法局限，能够在数据挖掘、分析预测等方面带来积极的技术效果。例如，人工智能产业中的机器学习算法革新了复杂数据的处理模式，体现出显著的创新价值。在实用性上，算法可切实应用于各领域不同数据，解决实际问题。无论是金融风险防控、电商精准营销，还是医疗影像诊断辅助，算法都能为行业运作提供有力支持，创造实际效益。

对于同样的数据集合，使用不同的数据技术算法能够产生不同的数据产品，因此算法构成了同一个数据集合与不同数据产品之间的多座桥梁。例如，在处理海量的电商用户交易数据时，若采用聚类算法，通过分析用户的购买行为、消费偏好等特征，能够将用户划分成不同的群体，进而生成精准的用户画像数据产品，为商家提供个性化营销的依据。倘若运用关联规则算法，便可以挖掘出不同商品之间的关联关系，如购买了奶粉的用户大概率也会购买尿不湿，基于此产生的商品推荐数据产品，能有效提升交叉销售的成功率。再如，在医疗数据领域，面对同样的患者病例数据集合，算法可以对疾病的诊断和治疗效果进行预测，形成辅助诊断数据产品；也可以侧重于数据可视化的算法，将复杂的数据转化为直观易懂的图表，为医生提供清晰的数据展示数据产品，助力其快速了解病情趋势。由此可见，不同的数据技术算法对相同数据集合的处理角度和方式各异，最终产出的数据产品在功能、价值和应用场景上都展现出极大的差异。

上海是目前唯一对数据技术算法开展登记的试点地方，有着多维度的重要价值和意义。在法律保障上，尽管登记并非直接等同于权属证明，即使仅作为初步证据，也能够减轻权利人在确权过程中的举证负担。一旦遭遇侵权纠纷，登记所留存的详细信息，如算法的创作时间、内容梗概等，能够为权利人快速主张权利提供有力支撑，降低维权的时间与经济成本。从商业视角出发，登记证书赋予数据技术算法一种公信力背书，能够提升算法在市场中的辨识度与竞争力。在企业合作、技术交易等商业活动中，经过登记的算法更易获取合作伙伴的信赖，增加其商业谈判筹码，吸引更多投资与合作机会，进而为企业创造更为丰厚的商业价值。就创新激励而言，数据知识产权登记切实保障了创新者的合法权益，使他们的创造性成果得到充分的尊重与保护。通过正向反馈机制，能够激发更多专业人才投身数据技术算法创新领域，为行业发展注入源源不断的活力，推动技术的持续迭代与升级。

4.6　数据知识产权登记的法律效力

数据知识产权采用"登记"方式作为制度进路。在我国，不同法律条款、实践场景中多次使用"登记"二字，例如：不动产登记、户籍登记、婚姻登记、工商登记、作品著作权登记等。尽管使用的汉字一样，但却具有不同的法律效力。立法与实践场景中的"登记"主要有登记要件模式、登记对抗第三人模式、宣示登记模式、管理性登记模式、初步证据模式等，数据知识产权登记的法律效力需要在其中找准制度定位。

4.6.1　登记要件模式

登记要件模式是指登记是权利产生、变动、灭失的生效条件，具有赋权或确权的法律效力。此种效力模式以不动产物权领域最为典型，根据《民法典》第 209 条规定："不动产物权的设立、变更、转让和消灭，经依法登记，发生效力；未经登记，不发生效力，但是法律另有规定的除外。"该条款表明，只有经过法定的登记程序，不动产物权才会在法律上得到认可，登记行为产生了直接创设物权及其变动的效果，并对该权利予以法律确认。在房屋买卖过程中，仅仅签订购房合同甚至交付房屋钥匙，均不足以使房屋所有权发生转移，只有在办理了不动产产权登记后，买方才真正取得房屋的所有权，登记成为确定房屋所有权归属的关键依据。

从当下我国数据知识产权登记试点工作的实际推进情况来看，各地在登记模式的选择上均毫无例外地采用"自愿登记"方式，该举措蕴含着深刻的法律内涵与实践意义，清晰且明确地表明登记行为在数据知识产权领域并非权利产生与变动的生效模式。在传统的部分权利体系中，如不动产物权领域，登记是权利设立、变更、转让和消灭的生效要件，未经登记，物权变动不发生法律效力。然而，数据知识产权与之存在显著差异。自愿登记模式赋予了数据知识产权主体充分的自主选择权，体现了对市场主体意思自治的尊重以及对数据知识产权多元保护路径的包容。即便数据知识产权主体未进行登记，从知识产权法的基本原理和法律规定出发，也不能就此否定其知识产权的客观存在。因为数据知识产权的产生，根源在于数据的创造性生成、独特的加工处理以及蕴含其中的智力成果，这些关键要素一旦达成，知识产权便直接产生。登记行为更多是起到权利公示、提供初步证据以及促进数据知识产权流通利用等作用，而非决定权利的有无与变动，该特性有助于激发市场主体对数据的创新活力，推动数据要素在市场中的高效配置与有序流动。

4.6.2 登记对抗第三人模式

在登记对抗第三人模式之下，登记并非权利变动的生效条件，而是产生一种对抗效力。即使权利的变动在当事人之间已经基于合法的原因行为（如合同约定）而发生，但未经登记，该变动不得对抗善意第三人。例如，在船舶、航空器和机动车等特殊动产的物权变动中，依据《民法典》第225条规定："船舶、航空器和机动车等的物权的设立、变更、转让和消灭，未经登记，不得对抗善意第三人。"该条款意味着，当特殊动产发生物权变动时，即便当事人之间已经完成了交付等物权变动的事实行为，但如果未进行登记，一旦出现善意第三人对该动产主张权利，原物权变动的效力可能会受到影响。

在知识产权领域，独占许可备案登记与专利开放许可登记作为登记对抗第三人模式的典型延伸，为数据知识产权登记体系的构建与完善提供了参考范式。独占许可备案登记，是指在知识产权权利人授予被许可方在特定范围内排他性实施知识产权的权利后，通过备案登记程序，将该许可事项向社会公示。此登记行为虽不影响许可合同在双方当事人之间的效力，但一旦完成登记，便赋予被许可方对抗善意第三人的权利。当出现第三人未经许可擅自使用相关知识产权时，已完成独占许可备案登记的被许可方，能够凭借登记的对抗效力，依法维护自身权益，要求第三人停止侵权行为。专利开放许可登记同样遵循登记对抗第三人的逻辑。专利权人通过声明的方式确定开放许可的相关条件，并向国务院专利行政部门进行登记与公告，任何单位或者个人在满足许可条件下，均可与专利权人订立实施许可合同。

上述知识产权登记模式为数据知识产权登记提供了重要借鉴。以数据知识产权质押登记为例，其具备显著的对抗效力。当数据知识产权权利人出于融资或其他债务担保目的，将其权利质押给债权人并完成登记后，在法律层面构建起了一道对债权人权益的保护屏障。一旦出现第三方未经授权使用或处置该数据知识产权的情形，债权人可凭借登记所产生的对抗效力，介入并阻止第三方的不当行为。不仅有力地维护了质押合同的稳定性，更确保了债权人在质押关系中依法享有的优先受偿权得以实现，保障了债权人在数据知识产权质押融资等经济活动中的合法权益。

4.6.3　宣示登记模式

宣示登记是对已经存在的权利进行公示性的宣告，并不创设新的权利，而是将既有的权利状态通过登记的方式向社会公众公开，以产生公示公信的效果。不动产预告登记是这一模式的典型代表。根据《民法典》第 221 条规定，当事人签订买卖房屋的协议或者签订其他不动产物权的协议，为保障将来实现物权，按照约定可以向登记机构申请预告登记。预告登记后，未经预告登记的权利人同意，处分该不动产的，不发生物权效力。该制度旨在保护债权人对未来取得不动产物权的期待权，通过预告登记，使该期待权具有了一定的物权效力，防止他人在预告登记期间对该不动产进行处分，从而保障债权人的权益。

数据知识产权登记与宣示登记模式存在本质差异，数据的产生与应用环境复杂，即便数据成果已初步形成，其权利边界和归属在未登记前未必清晰。特别是对于多方合作开发的数据产品，各参与方对权利分配往往有不同理解。此时，数据知识产权登记不是简单公示已明确权利，而是通过严谨登记流程，明确权利归属、权利内容等关键要素，对数据知识产权进行界定与规范。

4.6.4　管理性登记模式

管理性登记模式的核心要义在于紧密围绕行政管理的目标与需求，以公权力为依托，对特定的社会关系或行为实施全方位、系统性的规范和管理。从本质上讲，管理性登记是行政管理部门履行职能的重要手段，通过建立严谨、规范的登记制度，将纷繁复杂的社会活动纳入有序的管理轨道，旨在维护社会秩序、保障公共利益、促进资源的合理配置以及推动社会经济的健康发展。以《公共数据资源登记管理暂行办法》为例，该办法在一定程度上彰显了管理性登记模式的核心价值与实践应用。其制度目标明确聚焦于"为促进公共数据资源合规高效开发利用，构建全国一体化公共数据资源登记体系，规范公共数据资源登记工作"。

在数据知识产权登记工作的前沿探索中，许多试点地方将"促进数据要素高效流通使用，释放数据要素潜能，支撑数字经济高质量发展"设定为登记工作的核心制度目标，具有一定的行政管理和目标导向的意义。试点地方通过对数据集合、数据产品、数据技术算法等多元类型的数据知识产权进行登记，有助于行政部门掌握数据资源全景图，清晰梳理数据资产脉络，将原本散落在各个角落、处于无序状态的杂乱数据资源，依据登记标准与规范流程，实现系统性、有序化的整合。不仅为数据资源建立起标准化的"身份档案"，更在数据要素市场中构建起通用的"语言体系"，消除了数据流通的障碍。

4.6.5　初步证据模式

在初步证据模式下，登记行为产生的效力是为相关权利提供初步的证明。以作品登记为例，根据国家版权局《作品自愿登记试行办法》，作品登记是作者或其他著作权人自愿向登记机关申请，将作品的主要内容、创作时间等信息进行登记备案。虽然作品自创作完成之日起即自动产生著作权，无须以登记作为取得著作权的前提条件，但是作品登记证书可以作为著作权归属的初步证据。当著作权发生纠纷时，持有作品登记证书的一方在证明其著作权归属方面具有一定的优势，减轻了举证责任。然而，这并不意味着登记证书具有绝对的证明力，如果对方能够提供相反的证据，足以推翻登记所证明的事实，那么登记证书的证明效力将受到质疑。2025 年 1 月，深圳市中级人民法院微信公众号刊发《登记≠确权！福田法院发出司法建议》，法院经审理认为，涉案美术作品并不具有独创性，未达到著作权法保护要求，不享有著作权权利，故驳回了原告的全部诉讼请求。

对于数据知识产权登记，在全国首例涉《数据知识产权登记证》案件中，原告数据堂（北京）科技股份有限公司是一家专业从事人工智能领域数据服务的科技创新企业，录制了 1505 小时普通话收集采集语音数据，用于研发语音识别等人工智能技术，并就案涉数据集在北京市知识产权保护中心登记取得《数据知识产权登记证》。被告隐木（上海）科技有限公司与原告同样从事人工智能领域数据服务，非法获取原告收集采集的语音数据集，并在官方网站向公众传播。该案中的焦点问题之一是《数据知识产权登记证》是否具有司法效力，北京互联网法院、北京知识产权法院均认可在无相反证据证明的情况下，《数据知识产权登记证》可以初步证明登记人即为数据集的合法持有人，登记人有权就登记数据集的数据权益提出权利主张。初步证据效力意味着在缺乏相反证据予以反驳的情况下，特定证据即可初步证明相关事实主张。

综上，我国数据知识产权登记的法律效力呈现出显著特点。其一，实行自愿登记原则，并非强制要求登记，给予市场主体充分自主选择权。其二，登记部门对申请材料主要采用形式审查，重点审核材料的完整性与规范性，而非对数据知识产权本身的实质内容进行深入审查，在部分地方登记试点中，证书发放主体为事业单位而非行政部门，其效力达不到授权或确权的级别，因此数据知识产权登记不具有确权或赋权效力。其三，数据知识产权登记对于行政部门掌握数据资源具有一定意义，具有管理性登记模式的价值所在。其四，我国现阶段数据知识产权登记主要遵循登记证书初步证据模式，市场主体取得《数据知识产权登记证》，相当于获得相应数据集合和数据产品合法性权益的初步证明。

第5章

数据知识产权登记试点与实践应用

5.1 数据知识产权登记的重要性与功能价值

5.1.1 登记公示与公信力提升

目前，数据知识产权各试点地方均推行自愿登记模式，意味着市场主体即便未对数据、数据集合或数据产品进行登记，相关交易仍可正常开展。然而，未登记会显著增加交易主体的成本。类比不动产登记可以看到相似的情形，在缺乏统一不动产登记制度时期，房屋虽可交易但交易成本较高，单就房屋面积而言，各方往往自行测量房屋面积，不仅耗费大量的成本，还极易产生分歧。不动产统一登记则解决了这一问题，产权证书明确记载了房屋的面积等关键信息，交易各方只需依据产权证书上的记载，即可快速开展交易。登记不仅显著降低了交易成本，提高了交易效率，还极大地增强了交易的可信度与安全性。

对于数据知识产权登记而言，虽然当前登记的法律效力尚难以企及赋权或授权的程度，但登记制度本身就具备一定的公示作用，在提升公信力方面有着极高的价值。数据知识产权是对数据相关客观事实（如数据来源、权属关系、数据内容等）的系统记录与确认，通过公示将权利状态或者特定信息向社会公众公开，其目的在于降低交易成本、维护交易安全与市场秩序。在数据交易市场中，若缺乏有效的登记机制，交易各方将不得不花费大量资源去核实数据的真实性、完整性以及权利归属等关键信息，无疑增加了交易成本。数据知识产权登记通过对数据客观事实的精准记录与公示，为交易各方提供了权威、可信的信息依据，使交易双方能够快速、准确地了解数据全貌，降低信息不对称带来的风险，从而降低交易成本，增强数据交易市场的公信力，推动数据要素在市场中的高效配置与有序流动。

相关报道显示，企业获得数据知识产权登记证书之后，对于后续数据价值的实现具有极高的助推作用。例如，武汉理工数字传播工程有限公司"睿思数据平台"在上海市数据产品知识产权管理平台完成登记，获得上海市知识产权局颁发的登记证书，通过上海数据交易所相关系统实现价值评估等服务，工商银行上海分行等为其提供了 1 亿元授信。上海微谱检测科技集团股份有限公司作为大型研究型检测机构，致力于为多领域客户提供分析、检测、研发服务，其数据产品获得上海市数据产品知识产权登记证书，获得建设银行上海市分行 1000 万元数据知识产权质押融资。贵州云宇橡胶有限公司将登记的 2 件数据知识产权进行质押，获得两家银行超 3000 万元融资，满足了公司技改、设备自动化改造等资金需求。

5.1.2　侵权防范与证据固定

当前，涉及数据的民事案件呈现出多方面特点。在主体方面，争议主要发生在基于数据财产性利益、将数据作为竞争资源的市场主体之间；在案由类型方面，与数据相关的合同和侵权纠纷、知识产权纠纷、不正当竞争纠纷较为常见，且随着数字经济发展，新类型网络不正当竞争案件日益增多；在客体与法律适用方面，数据作为其他权利客体的"数字化"介质载体，易引发请求权竞合，同一案件常涉及多种法益。正因为数据案件较为复杂，相关案件引发的讨论较大，特别是涉及数据权益权属及边界划分、数据财产性权益类型认定等问题。

在涉及数据类的案件中，认定原告是否为合理的数据资源持有人，往往成为案件的核心争议焦点与审理难点之一。数据具有无形性、易复制性和来源多样性等特点，使判断数据资源的合法持有变得异常复杂。原告为证明其是合理的数据资源持有人，需要承担繁重的举证责任。由于数据证据的专业性和特殊性，需要引入专业机构鉴定、专家证人辅助等，同时要求法官不仅要具备扎实的法律知识，还要对数据相关的技术和业务有深入理解，给案件审判工作带来了极大压力。实践中，大量涉及数据的案件由知识产权法庭适用《反不正当竞争法》进行审判，因此数据知识产权登记及相关证书对于解决"如何认定原告为数据资源持有人"这一关键问题具有重要的意义。

在全国首例涉及《数据知识产权登记证》的数据竞争案件中，数据堂（北京）科技股份有限公司于 2021 年 9 月在网站发布"AI 数据开源计划 1505 小时中文普通话语音数据"，并于 2023 年获得"普通话手机采集语音数据库"的《数据知识产权登记证》。该公司认为隐木（上海）科技有限公司非法获取并传播其数据集子集"aidatatang200zh"，侵害其数据财产权、著作权和商业秘密，构成不正当竞争，遂提起诉讼。经过一审与二审，北京互联网法院、北京知识产权法院均认可涉案数据集具备法律保护的财产性利益，但在涉案数据集是否属于商业秘密的认定上存在差异，一审认定构成商业秘密，二审则因数据集已公开披露而纠正。不过，两审法院都认可《数据知识产权登记证》的效力，北京互联网法院认为登记证能证明数据堂（北京）科技股份有限公司是数据集的权利主体，北京知识产权法院进一步明确，在无相反证据的情况下，登记证书可作为数据堂（北京）科技股份有限公司享有数据集相关财产性利益及收集行为合法的初步证据。

上诉案件印证了数据知识产权登记对于解决相关纠纷的积极价值，特别是对证据固定方面的作用。数据具有无形性、易篡改性以及来源广泛等特点，使得数据类法律纠纷在证据收集、事实认定和权益归属判定等方面面临诸多难题。从我国数据知识产权登记试点地方所制定的规则来看，均明确要求申请人针对相关数据、数据集合或数据产品实施上链存证操作，借助区块链技术的特性对数据的客观形态予以固定。区块链技术凭借其去中心化、不可篡改、可追溯等优势，能够精确记录数据的产生、流转和存储过程，为数据提供了可靠的时间戳和完整的操作记录。通过将数据上链存证，可有效防止数据被恶意篡改或丢失，确保数据在各个环节的真实性和完整性得以维持。在后续可能出现的纠纷中，经过区块链固定的数据能够作为有力的证据，为权利人主张权利提供坚实支撑，同时也便于司法机关或相关监管部门快速、准确地查明事实。

5.1.3 交易促进与市场规范

在数据交易领域，信息不对称问题普遍存在。数据质量、价值评估缺乏统一且直观的标准，数据持有者通常掌握着数据的详细信息（如数据来源、加工处理规则、潜在风险等），而数据需求方往往难以获取此类信息。出于种种目的，数据持有者会选择性披露数据信息，甚至故意隐瞒部分不利信息，而数据需求方难以在交易之前对数据进行深入分析和评估。此外，当前的数据交易市场尚处于发展阶段，缺乏完善的监管机制和信息披露规范。加之数据交易人才匮乏等原因，进一步加剧了数据交易中的信息不对称问题。

登记制度具备一定的公示公信效力，通过数据知识产权登记，相关数据的基本信息得以向社会大众公开，使潜在的交易主体都有机会获取数据的基础信息，从而在一定程度上缓解甚至解决因信息不对称而产生的交易障碍。在我国各数据知识产权登记试点地方的规定中，均明确要求对于获得登记证书的前提条件是其数据来源必须具备合法性。取得登记证书的数据集合或数据产品，在数据合法性方面被推定为符合法定标准。相关交易主体在交易时，可以不再耗费过多精力去重复审查数据合法性问题，或者在一定程度上满足了善意交易的条件。一旦出现数据不合法的情况，买方或被许可方有权以此为由主张一定的赔偿。除数据来源合法性推定外，获得数据知识产权登记证书的数据集合或数据产品还需经过加工处理，具有实用价值或商业价值，登记审查过程中对上述内容进行了一定的审查与确认。基于对登记证书公信力的信赖，各方无须再对数据交易进行深度、复杂的审查，从而减少了在数据审查环节投入的人力、物力和时间成本，提高了数据交易的效率。

目前，国内有多则关于数据知识产权登记证与数据交易所打通的新闻报道。例如，上海数据交易所与上海市知识产权局联合打造"登记流通链"，自《上海市数据产品知识产权登记存证暂行办法》2024 年 12 月 8 日施行以来，实现数据产品知识产权登记即流通，截至 2024 年年底，已登记并挂牌的数据产品交易额超 4000 万元，涉及上海本地及外地企业的多种数据产品。在湖北宜昌，伍家岗区积极推动相关工作，宜昌恒泰大数据产业发展有限公司旗下的湖北三峡金融科技公司以已登记的数据知识产权"创业担保贷款网办系统数据集"作为质押物，从三峡农商行自贸区支行获得 1000 万元质押融资，实现宜昌市首单数据知识产权质押融资，该数据知识产权在深圳数据交易所成功上市流通。上述案例均在积极探索数据知识产权登记证与数据交易协同发展的模式，促进数据要素的流通与价值实现。

5.2 数据知识产权登记试点的实践比较

5.2.1 数据知识产权登记办法的比较

截至 2024 年年底，我国 17 个数据知识产权试点地方均公开了登记办法或征求意见稿，如表 5-1 所示。

表 5-1 试点地方数据知识产权登记办法

试点地方	文件名称	发布部门	登记部门	发布时间
北京市	北京市数据知识产权登记管理办法（试行）	北京市知识产权局、北京市经济和信息化局、北京市商务局、北京市人民检察院	北京市知识产权保护中心	2023 年 5 月 30 日
上海市	上海市数据产品知识产权登记存证暂行办法	上海市知识产权局、上海市数据局	上海市知识产权局	2024 年 11 月 8 日
江苏省	江苏省数据知识产权登记管理办法（试行）	江苏省知识产权局、江苏省高级人民法院、江苏省发展和改革委员会、江苏省司法厅	江苏省知识产权保护中心	2024 年 1 月 10 日

试点地方	文件名称	发布部门	登记部门	发布时间
浙江省	浙江省数据知识产权登记办法（试行）	浙江省市场监督管理局、中共浙江省委网络安全和信息化委员会办公室、浙江省发展和改革委员会、浙江省经济和信息化厅、浙江省司法厅、浙江省商务厅、浙江省大数据发展管理局、浙江省高级人民法院、浙江省人民检察院、中国人民银行杭州中心支行、中国银保监会浙江监管局	浙江省知识产权研究与服务中心	2023年5月26日
福建省	数据知识产权登记服务规程（修订版）	福建省知识产权保护中心	福建省知识产权保护中心	（未公开）
山东省	山东省数据知识产权登记管理规则（试行）	山东省市场监督管理局、中共山东省委网络安全和信息化委员会办公室、山东省高级人民法院、山东省发展和改革委员会、山东省工业和信息化厅、山东省大数据局	山东省国家知识产权保护中心	2023年10月16日
广东省	广东省数据知识产权登记服务指引（试行）	广东省知识产权保护中心	广东省知识产权保护中心	2023年9月14日
深圳市	深圳市数据知识产权登记管理办法（试行）	深圳市市场监督管理局	深圳市标准技术研究院	（征求意见稿）
天津市	天津市数据知识产权登记办法（试行）	天津市知识产权局、天津市人民检察院、天津市公安局、天津市市场监督管理委员会、天津市文化和旅游局、天津市版权局	天津市知识产权保护中心	2024年1月8日
河北省	河北省数据知识产权登记办法（试行）	河北省市场监督管理局、中共河北省委网络安全和信息化委员会办公室、河北省发展和改革委员会、河北省工业和信息化厅、河北省司法厅、河北省商务厅、河北省数据和政务服务局、河北省高级人民法院、河北省人民检察院、中国人民银行河北省分行、国家金融监督管理总局河北监管局	河北省知识产权保护中心	2024年8月20日

试点地方	文件名称	发布部门	登记部门	发布时间
山西省	数据知识产权登记管理办法（试行）	山西省市场监督管理局、山西省高级人民法院、山西省人民检察院、山西省发展和改革委员会、山西省工业和信息化厅、山西省司法厅、山西省数据局、中国人民银行山西省分行、国家金融监督管理总局山西监管局、中国证券监督管理委员会山西监管局	山西省知识产权保护中心	2024 年 6 月 28 日
安徽省	安徽省数据知识产权登记办法（试行）	安徽省市场监督管理局（知识产权局）、中共安徽省委金融委员会办公室、安徽省高级人民法院、安徽省人民检察院、安徽省发展和改革委员会、安徽省工业和信息化厅、安徽省司法厅、中国人民银行安徽省分行、国家金融监督管理总局安徽监管局	安徽省知识产权事业发展中心	2024 年 4 月 24 日
河南省	河南省数据知识产权登记办法（试行）	河南省市场监督管理局（知识产权局）、河南省人民检察院、河南省发展和改革委员会、河南省工业和信息化厅、河南省司法厅、河南省财政厅、河南省行政审批和政务信息管理局、河南省地方金融管理局	河南省知识产权维权保护中心	2024 年 10 月 21 日
湖北省	湖北省数据知识产权登记管理办法（试行）	湖北省知识产权局、湖北省委网信办、湖北省高级人民法院、湖北省发展和改革委员会、湖北省经济和信息化厅、湖北省公安厅、湖北省司法厅、湖北省财政厅、湖北省商务厅、湖北省市场监管局、湖北省数据局、中国人民银行湖北分行	湖北省知识产权保护中心	2024 年 8 月 26 日
湖南省	湖南省数据知识产权登记管理办法（试行）	湖南省市场监督管理局、湖南省高级人民法院、湖南省人民检察院、中共湖南省委网络安全和信息化委员会办公室、湖南省工业和信息化厅、湖南省司法厅、湖南省财政厅、湖南省商务厅、湖南省数据局、中国人民银行湖南省分行、国家金融监督管理总局湖南监管局	湖南省市场监督管理局（湖南省知识产权局）	2024 年 9 月 19 日

续表

试点地方	文件名称	发布部门	登记部门	发布时间
贵州省	贵州省数据知识产权登记管理办法（试行）	贵州省市场监管局（知识产权局）	通过指定或政府购买服务等方式确定登记机构	2024 年 9 月 6 日
陕西省	陕西省数据知识产权登记管理办法（试行）	陕西省知识产权局、中共陕西省委网络安全和信息化委员会办公室、陕西省发展和改革委员会、陕西省工业和信息化厅、陕西省司法厅、陕西省市场监督管理局、陕西省数据和政务服务局、陕西省高级人民法院、陕西省人民检察院	陕西省知识产权保护中心	2024 年 5 月 15 日

从表 5-1 可以看出，我国数据知识产权登记试点工作在地域上广泛布局，涵盖东部、中部、西部的多个省市，在全国范围内积极探索数据知识产权登记的有效路径。试点工作在组织架构上呈现多部门协同合作的特征，发布部门涉及知识产权局、司法机关、发改委、司法厅、网信办、数据局、金融监管机构等，通过整合多方资源，以应对数据知识产权登记工作的复杂性与综合性。在登记部门设置上，多数地区依托知识产权保护中心开展工作，部分地区由知识产权相关事业发展中心负责，个别地区根据自身情况特殊安排，如上海由知识产权局负责，深圳由标准技术研究院负责，贵州通过指定或政府购买服务确定登记机构。从时间进程来看，自 2023 年 5 月起各地陆续发布相关文件，至 2024 年 9 月仍有新文件出台，节奏紧凑，持续推进试点工作的开展与完善。在文件形式上，各地采用试行管理办法、暂行办法、服务指引、服务规程等多种形式，探索适合本地的数据知识产权登记模式。

5.2.2　试点地方数据知识产权登记实践特点

经过近两年来的登记实践，各试点地方在数据知识产权登记的规则方面有一定的相似之处。在制定依据与目的上，以《数据安全法》《"十四五"国家知识产权保护和运用规划》等法律法规及政策文件为基础，旨在规范登记行为，保护数据处理者权益，促进数据要素流通，推动数字经济发展。在登记原则方面，普遍遵循依法合规、自愿登记、诚实信用原则。在登记程序上，包含申请、审查、公示、异议处理、发证等环节，且大多采用形式审查模式。在证书管理方面，登记证书具有证明效力，例如《山东省数据知识产权登记管理规则（试行）》第 27 条规定："相关部门应当加大数据知识产权登记证书的推广应用，发挥登记证书在促进数据流通交易、创新利用和价值实现中的积极作用，明确并提升登记证书在行政执法、司法审判、法律监督中的初步证明效力，加强数据知识产权权益保护。"此外，各试点地方在变更登记、撤销登记、注销登记等规定上也较为相似。

然而，各地办法也存在不同之处。特别在数据知识产权的定义及登记对象方面，目前未达成共识。上海聚焦数据产品，其他地区多强调数据集合的相关属性。在登记机构设置上，各地根据自身情况安排不同，如北京、上海、广东等地的负责部门各有差异。在审查方式与内容上，多数地区采用形式审查，部分地区如湖南还进行明显实质性缺陷审查，《湖南省数据知识产权登记管理办法（试行）》第 9 条规定："登记机关应当对申请人提交的登记申请进行审查，审查包括形式审查和明显实质性缺陷审查。"可见各试点地方对审查内容的细节要求不同。证书有效期与续展规定各地不一，大多规定为 3 年，短则 2 年（如贵州），长则 5 年（如深圳），续展期限和宽展期规定也有一定差异。

不同试点地方的登记办法各有特点。例如，北京注重保护未公开状态数据集合的商业价值和智力成果属性，明确登记证书在数据权利行使方面的作用。上海聚焦数据产品知识产权，异议处理程序规定较为详细。广东对登记申请材料要求细致，公示期短。贵州明确数据知识产权登记涵盖数据资源与其他要素综合形成的产品和服务权属记录，证书有效期短。山东明确数据知识产权权利主体权益，登记程序设初审和复审。

从各地试行的数据知识产权登记办法来看，其规范存在差异正是试点工作的重要意义体现。试点工作旨在结合各地实际情况，探索并确定更适宜本地的数据知识产权登记工作流程与方法。通过实践积累大量案例，为后续工作提供宝贵经验，不仅有助于本地登记工作的持续优化，还将为全国性数据知识产权登记制度的完善和推广提供有力支撑，在统一登记标准、规范登记行为、提升登记服务质量等方面发挥关键作用，进而推动我国数据知识产权登记工作在全国范围内的高效开展，保障数据市场的健康、有序发展。

5.3 数据知识产权登记的流程与要求

5.3.1 登记申请的主体资格与材料规范

对于申请主体的资格，从当前我国数据知识产权登记试点工作的各地规则来看，主要存在两种模式：其一，限定申请主体的数据活动发生在本行政管理辖区内，聚焦于辖区内数据知识产权登记的管理，便于地方政府集中资源进行规范引导，深入了解和掌握辖区内数据知识产权的情况。例如，《广东省数据知识产权登记服务指引（试行）》规定的受理范围为"本省行政区域内的数据知识产权登记活动"。其二，申请主体面向全国乃至外国的民事法律主体，构建更为开放、包容的数据知识产权登记体系，吸引全国及国际上的优质数据资源和创新成果汇聚。例如，《上海市数据产品知识产权登记存证暂行办法》规定："本办法适用于自然人、法人或者非法人组织向上海市知识产权局申请数据产品知识产权登记以及相关管理服务活动。"并不区分申请主体所在区域或数据加工处理所在区域。

对于申请主体的类型，包括了自然人、法人以及非法人组织，在实践中以法人作为申请主体的情形最为常见，在上海等地方也出现了自然人作为申请人的情形。数据知识产权登记的适格申请人应当是对数据的加工和处理作出实质性贡献的主体，然而，在登记审查实际操作过程中，精准判断申请人是否满足这一条件存在较大难度。目前，全国各数据知识产权登记试点地方普遍采用电子申请的方式，申请人通过电子平台上传相关主体信息。鉴于此申请模式，在对申请人主体资格审查以及申请材料规范审核方面，通常以形式审查为主，即仅对申请人主体信息的真实性、合法性进行审查，并基于此推定申请人进行了数据加工处理。该审查方式虽未深入探究数据加工处理的实质情况，但在一定程度上保障了登记流程的效率与可行性，同时也与当前试点阶段的实际情况相契合。

当自然人提交申请时，其姓名、身份证号、联系电话以及电子邮箱地址等信息需真实且有效。当法人或非法人组织提交申请时，其名称、统一社会信用代码、法定代表人、联系人、联系电话和电子邮箱地址等内容需真实有效。在数据知识产权登记申请流程中，申请材料的规范性和一致性至关重要。其中，相关承诺书与申请表格等关键材料均需申请人签字确认，申请主体的相关信息必须与承诺者信息以及申请表中的签字者信息完全一致，旨在保证申请材料的真实性、有效性和责任的可追溯性，避免因信息不一致导致的登记纠纷或法律风险。

5.3.2　登记审查的标准设定与程序规范

科学合理的审查标准，能够明确界定可获得数据知识产权登记的范围，识别具有保护价值的数据成果，提高登记的权威性和公信力。从我国数据知识产权登记试点实践来看，明确数据来源合法性、加工处理创新性以及应用场景独特性等标准，有助于筛选出具有知识产权价值的数据对象，避免低质量或非法数据获得登记。规范的审查程序则为审查工作提供了有序的操作指引，保障审查过程的公正性和透明性。在申请受理、材料审查等各个环节，规范的程序规则可以有效避免不当因素的干扰，提高审查结果的客观性。

第一，关于数据知识产权的审查标准。当前，在数据知识产权登记试点工作推进过程中，各试点地方所采用的审查标准呈现出不一致的态势。大多数以形式审查作为审查方式，聚焦于申请材料的完整性与一致性核查。形式审查流程相对简便，能够极大地提升审查效率，使得申请人能够在较短时间内获取数据知识产权登记证书，有力地促进了数据成果的快速流通与初步市场应用。然而，形式审查仅对申请材料的表面形式进行审核，缺乏对数据实质内容的深入判断，导致审查质量难以保障，易致使一些不符合高质量数据知识产权要求的数据集合或数据产品获得登记，进而拉低整体的数据知识产权登记质量。上海市则采用"形式审查+实质审查"的方式，有助于提高数据产品知识产权登记的质量。《上海市数据产品知识产权登记存证暂行办法》第6条规定："上海市知识产权局应当依据本办法和制定的审查指南对登记申请进行审查。"其中提及将审查指南作为审查的依据之一。在知识产权领域的实践中，专利与商标均设有审查指南，通常针对实质性审查所制定。实质性审查要求对申请内容进行全面、深入的剖析，提高知识产权授予的精准性与合理性。上海在数据知识产权登记试点工作中，同样开展实质性审查。由于实质性审查的严格性，在上海获取数据知识产权登记证书的难度相对较高。

第二，关于数据知识产权的审查程序。当前各试点地方普遍采用审查员审查与社会公众审查相结合的先后程序，此程序借鉴了商标审查的相关成熟做法。具体而言，针对通过审查的数据知识产权申请，将会进入公示异议阶段。对于公示的期限，各试点地方的规定并不统一。在此阶段，利害关系人等主体若认为相关申请不符合登记要求，或自身权益受到该申请的侵害，均可提出异议申请，审查部门会针对异议展开审查工作。鉴于实践中数据知识产权审查资源相对有限，难以实现对所有申请进行细致、严格的审查，引入社会公众审查能够有效弥补审查资源的不足，利用社会力量及时发现潜在问题，有助于高效解决数据知识产权审查质量问题，提升整体审查效果。

第三，关于数据知识产权的审查体系。审查类别主要涵盖对数据知识产权申请、变更、撤销、注销四个方面的审查。其中，申请阶段的审查最为细致全面，涉及对申请主体资格、申请文件完整性与规范性、数据产品实质性加工和创新性劳动等多方面的审核。变更审查则主要聚焦于数据知识产权相关主体或数据本身发生变化的情形（如数据知识产权的转让、许可、质押等），需对变更事项的合法性、真实性进行审查。撤销审查是指在数据知识产权获得登记证书后，若发现存在符合不予登记的理由，发证部门有权依据相关条款，撤销原已颁发的数据知识产权登记证书，以弥补不当登记可能产生的不利后果。注销审查通常指申请主体或数据知识产权权利主体主动放弃该证书的情形，一般多发生在权利主体灭失的情况下，由相关部门对注销申请进行审核处理。

第四，关于不予登记情形的相关规定。在数据知识产权审查工作中，因其所涉行业领域极为广泛，且数据处理技术多样复杂，数据本身也呈现出庞杂的特性，制定一套统一、明确且普遍适用的审查标准面临诸多困难。鉴于此，各试点地区普遍采用列举不予登记情形的方式来规范审查工作。例如，《北京市数据知识产权登记管理办法（试行）》第 9 条规定："有下列情况之一的，不予登记：（一）不符合本办法适用范围及原则规定的；（二）不符合本办法第二条、第三条规定的；（三）登记前未进行数据存证或者公证的；（四）存在未解决的数据知识产权权属诉讼纠纷的；（五）重复登记，或者登记申请主动撤回后无正当理由再次提出登记申请的；（六）申请人隐瞒事实或者弄虚作假的；（七）其他不符合相关法律规定的情形。"在具体审查过程中，审查员围绕负面情形展开核查，一旦申请材料满足任何一项不予登记的条件，将作出不予登记的决定。

5.3.3 登记证书的颁发条件与证书续展

根据当前数据知识产权登记试点的相关规则，获取数据知识产权登记证书需同时满足多项条件：其一，申请材料完整齐备，且各材料内容应符合规范性要求；其二，通过审查并达到审查合格的标准；其三，在公示期间未有他人提出异议，或者所提异议经审查不成立。

2024 年，国家知识产权局为优化管理流程，对数据知识产权登记证书进行统一规范管理。广东、福建、浙江、深圳等多地发布通知启用新版证书。新版证书单面载有登记信息，左下方二维码可查看公示完整信息，右下方为登记机构印章。登记证书编号共 17 位，由年、月、登记机构代码及业务流水号构成；登记号共 16 位（含 1 个校验位），由业务类型代码、申请年份、登记对象数据的来源代码、登记主体类型、业务流水号、校验位构成。登记内容涵盖数据名称、登记主体、证件号码、申请日期、登记日期等关键信息。该举措实现了数据知识产权登记证书的全国统一，结束了各地版本样式不一的局面，有助于提升数据知识产权登记的规范性。相关示例如图 5-1、图 5-2 所示。

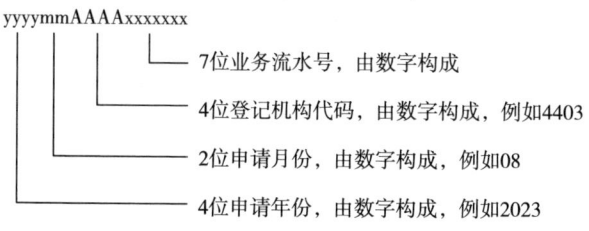

图 5-1 数据知识产权登记证书编号示例

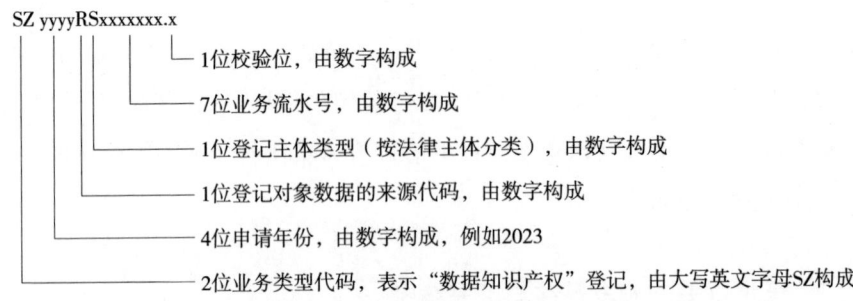

SZ yyyyRSxxxxxxx.x

└── 1位校验位，由数字构成

7位业务流水号，由数字构成

1位登记主体类型（按法律主体分类），由数字构成

1位登记对象数据的来源代码，由数字构成

4位申请年份，由数字构成，例如2023

2位业务类型代码，表示"数据知识产权"登记，由大写英文字母SZ构成

图 5-2　数据知识产权登记号示例

对于数据知识产权登记的有效期，各地制定了不同的规定。部分试点地方将有效期设定为 2 年（如贵州省），而大多数试点地方则规定为 3 年。然而，尽管有效期规定不同，各地在保障数据知识产权持续有效方面达成了共识，均制定了有效期届满前的续展制度。该制度的设立，为数据知识产权主体提供了灵活的选择空间，使其能够根据数据集合或数据产品的市场价值、后续开发计划以及自身发展战略，决定是否延续数据知识产权的保护期限。例如，《上海市数据产品知识产权登记存证暂行办法》规定："数据产品知识产权登记存证有效期满，权利人应当在期满前 30 日内办理续展登记手续。每次续展登记的有效期为 3 年，自上一有效期满次日起计算。"

数据知识产权的续展制度在很大程度上借鉴了商标续展的成熟理念，为数据知识产权的保护与持续利用提供了有力支撑。与商标类似，数据知识产权在有效期届满时，其承载的数据产品或服务可能依然具备强大的竞争价值、广泛的使用价值以及可观的商业价值。续展制度能够继续保障相关主体对该数据知识产权享有一定的专有权，保障其在市场竞争中的优势地位，同时也激励权利人持续投入资源对数据进行更新、优化和创新，进一步挖掘数据的潜在价值。

5.4 我国数据知识产权登记试点的现状与问题

5.4.1 我国数据知识产权登记试点的现状梳理

自 2022 年起，国家知识产权局积极推动数据知识产权试点工作，试点范围不断扩大。2022 年 11 月，首批确定北京市、上海市、江苏省、浙江省、福建省、山东省、广东省、深圳市 8 个地方开展试点；2023 年 12 月，又新增天津市、河北省、山西省、安徽省、河南省、湖北省、湖南省、贵州省、陕西省 9 个地方。目前，全国已有 17 个省市参与到数据知识产权试点工作中。

各试点地方出台的数据知识产权登记管理办法存在诸多共性特点。在登记对象方面，均要求数据依法取得，大部分认可"处理+有价值"的要件模式，且多将权利客体定义为数据集合或数据产品，强调其经加工处理后具备实用价值或商业价值。在登记前置要求中，大部分试点地方规定登记前需进行数据存证或公证，以此配合形式审查，提高数据真实性、可信性以及数据集合的完整性和完成状态。在登记所需申报内容上，围绕登记对象名称、所属行业、应用场景、数据来源、结构规模、算法规则、存证公证情况等关键信息展开。截至 2024 年 3 月底，试点地方接收数据知识产权登记申请超 1.3 万份，颁发证书超过 7000 张。数据知识产权登记对象的应用场景丰富，涵盖制造生产数据、销售消费数据等，申请主体以企业为主，占比 90% 以上。

在登记审查模式上，各试点地方存在差异。多数采用形式审查，主要围绕数据知识产权名称、所属行业、应用场景、数据结构、原始数据来源、数据存证公证情况等内容的完备性进行审查。山东曾提出"形式审查+实质审查"模式，对数据来源合法合规性及数据产品智力成果属性、实用属性进行实质审查。上海市数据产品知识产权的审查采用较为严格的"五审两核"审查模式，其中"五审"依次为：一审为人工智能系统自动审查申请文件的查重和数据的有效性；二审为形式审查员审查文件形式要件是否符合要求；三审为实质审查员对数据产品是否具有实质性加工和创新性劳动等知识产权属性进行审查；四审为聘请国家知识产权局专利局江苏中心专利审查人员担任审查指导员，对申请文件进行再次审查；五审对于疑难申请或存在争议的申请，组织理论与实务专家进行专家组集体审查。"两核"依次为：上海市知识产权局数据试点工作专班对审查结果进行第一次核查，上海市知识产权局分管领导进行抽查。通过"五审两核"审查模式，保障上海市数据产品知识产权登记工作的高质量开展。

在数据知识产权登记证书的应用方面，各试点地方有所侧重。北京市、山东省着重推进登记证书在行政执法、司法审判、法律监督等司法领域的运用；浙江省、安徽省、陕西省、山西省等地明确登记证书可作为依法持有相应数据并行使权利的证明，用于数据流通交易、收益分配和权益保护；江苏省、湖北省、贵州省则强调推动登记证书在数据知识产权许可使用、投资入股、质押融资等金融业务中的应用。除了国家知识产权局文件中的 17 个试点地方，也出现了非试点地方出台数据知识产权登记管理办法并建立平台的情况。2024 年 3 月 27 日，海南省知识产权局等 9 个部门印发《海南省数据知识产权登记管理办法（试行）》，由海南省知识产权局负责统筹全省数据知识产权登记管理工作。

为了进一步推动数据知识产权的发展，国家知识产权局等相关部门将会继续优化和完善数据知识产权登记与保护规则，结合试点地区的实践经验，探索适合我国国情的数据知识产权管理模式，以更好地支撑数字经济发展，支持数据知识产权交易融资，鼓励数据产业与实体经济的深度融合，以此激发数字经济的新活力。

5.4.2 我国数据知识产权登记试点存在的问题

自 2022 年我国正式启动数据知识产权登记地方试点工作以来，在推动数据要素市场建设、强化数据知识产权保护方面取得了一定的积极成效。然而，在理论界与实践中，仍然存在一些问题有待深入研究和澄清。

第一，数据知识产权的权利属性、客体范围以及其与传统知识产权的关系等基础理论问题尚未达成共识，使得在构建完善的数据知识产权登记制度体系时缺乏坚实的理论支撑。数据知识产权的权利属性存在诸多争议，究竟应将其归为物权、知识产权还是创设新的权利类别，学界莫衷一是。不同的权利属性界定会导致在权利保护期限、侵权认定和救济方式等方面的巨大差异。在客体范围方面，对于哪些数据可以纳入知识产权保护范畴，以及数据应具备何种条件才能获得保护，目前还没有统一的标准。当数据涉及个人隐私、公共利益等复杂因素时，如何在保护数据知识产权的同时平衡各方利益，成为理论研究的难点。同时，数据知识产权与传统知识产权之间既有相似之处，又存在显著区别，如何协调两者关系，避免出现法律适用的冲突和空白，也是亟待解决的理论问题。

第二，数据知识产权登记对象的类型不一致，审查标准不统一，登记证书跨区域互认尚不明确。目前，各试点地方对于数据知识产权登记对象的界定存在差异，有的侧重于数据集合，有的则更关注数据产品，使得企业在跨地区开展登记时面临登记困扰，增加了企业的申请成本。审查标准不统一易导致同样的数据成果在不同地区可能得到不同的审查结果，影响登记结果的一致性。并且，随着数据知识产权登记申请数量的不断增加，审查资源相对匮乏的问题日益凸显。审查人员不仅需要具备专业的法律知识，还需了解不同行业的数据特点和技术应用，而目前这样的复合型人才相对短缺，审查设备和技术手段也有待提升，在一定程度上影响了审查工作的效率和质量。数据知识产权登记证书在跨区域流通时，面临诸多不确定性。企业在某地获得的登记证书在其他地方可能不被直接认可，限制了数据知识产权的跨区域应用与交易，也阻碍了数据要素在全国范围内的自由流动与优化配置。

第三，数据知识产权的价值评估体系尚未健全，在数据交易、质押融资等应用场景中，难以准确衡量数据知识产权的价值。数据的价值受到多种因素影响，包括数据的质量、规模、时效性、稀缺性以及应用场景等，使得数据价值评估极具复杂性。目前，市场上缺乏统一、科学的数据知识产权价值评估方法和标准，评估机构的专业性和独立性也参差不齐。在数据交易中，买卖双方往往因对数据价值的判断差异较大而难以达成交易；在质押融资场景下，金融机构由于无法准确评估数据知识产权的价值，对开展相关业务持谨慎态度，这限制了数据知识产权的金融化应用，阻碍了数据要素市场的进一步发展。尽管目前我国已经出现了基于数据知识产权开展质押融资的相关案例，但与庞大的登记数量相比仍属凤毛麟角。

5.5 数据知识产权登记制度的完善建议

经过各试点地方的积极探索，在数据知识产权登记流程规范、制度建设以及数据知识产权价值转化等方面进行了诸多有益尝试，为数据知识产权保护积累了宝贵经验，也激发了市场主体对数据创新和开发的积极性。为完善我国数据知识产权登记制度，建议从以下几方面加以考虑。

5.5.1 明确数据知识产权登记的发展趋势

在数据成为关键生产要素的大背景下，数据知识产权登记规则的构建正稳步推进，呈现出从地方试点逐步迈向全国统一并全面开展的清晰发展脉络。自 2022 年国家知识产权局开启数据知识产权登记地方试点工作以来，包括 17 个试点地方以及海南省在内，已有 18 个地方成功出台本地化的数据知识产权登记规则，为本地的数据知识产权登记与管理奠定了基础，在一定程度上规范了数据活动，激发了市场主体的数据创新活力。

然而，不可忽视的是，本地化规则存在明显的局限性，大多仅适用于本地发生的数据活动，易导致数据知识产权登记工作在地域上存在分割，形成区域壁垒。尚未出台相关规则的省市，当地企业在数据知识产权登记方面处于困境，无法将自身的数据成果通过法定登记程序获得有效保护，限制了企业的数据资产化进程和数据业务拓展，也阻碍了数据在全国范围内的自由流通与高效配置。

面对这一局面，建议国家知识产权局基于各试点地方在实践过程中积累的丰富经验，同时融合理论界在数据知识产权权利属性、客体范围、保护机制等方面的深入研究成果，及时筹备统一的全国数据知识产权登记规则。在未来恰当的时机，推出全国层面的规则，面向全国各地区开展数据知识产权登记活动。通过统一规则，能够消除地域差异带来的登记障碍，推动数据知识产权登记工作在全国范围内有序铺开，实现数据知识产权登记工作的规范化、一体化。

5.5.2　明确国家事权与地方事权的职能与作用

在数据知识产权登记制度建设的关键进程中，国家知识产权局与地方知识产权局承担着不同却又相辅相成的职能。国家知识产权局依托其在国家层面的战略高度和宏观视野，凭借丰富的政策制定经验以及对国际国内知识产权发展趋势的深刻洞察，负责制定全国统一的数据知识产权登记的核心原则、基本框架和通用标准。通过制定统一规范，避免因地区差异导致的规则冲突与混乱，维护登记制度的权威性，使其在全国范围内具有强制力和公信力，从顶层设计上保障数据知识产权登记工作的有序开展。地方知识产权局则可以立足于本地实际情况，紧密结合本地的数据产业发展水平、产业特色以及政策导向，将国家层面的宏观规则细化为具体的实施细则和操作流程。通过因地制宜的方式，使登记规则更贴合地方实际，满足本地市场主体的需求，具有更强的可操作性，切实推动数据知识产权登记工作落地。

在登记审查环节，国家知识产权局可以着眼于全国产业布局和社会发展大局，制定统一的审查标准。地方知识产权局则承担日常大量登记申请的初步审查工作，对申请材料的完整性、规范性以及数据知识产权的初步权属状况等进行核查。通过初步审查，地方知识产权局能够快速筛选出符合基本要求的申请，为后续的审查工作减轻负担，提高审查效率，使数据知识产权登记申请能够得到及时、有效的处理，满足市场主体对登记工作时效性的需求。

5.5.3　明确知识产权主管部门与数据主管部门的事权关系

2023 年国家数据局正式成立，数据相关制度建设权力被纳入其职能范畴。数据知识产权登记试点工作早于数据局的成立，并且数据知识产权作为数据治理与知识产权保护深度融合的关键交叉领域，其规则制定与管理呈现出较为复杂的局面。部分紧密关联知识产权属性与保护原则的规则，建议依旧由知识产权部门负责制定。

在登记环节，知识产权局可以参照知识产权相关法律框架，制定合适的数据知识产权登记流程、标准与审查机制，保障数据成果通过法定程序获得明确的权利标识外观。数据局则可聚焦于数据的全生命周期管理，涵盖数据的采集、存储、流通、共享等各个关键环节的制度建设。在数据采集阶段，制定数据来源合法性审查标准与采集规范，为数据获取的合规性提供标准；在存储环节，建立数据安全存储标准与监管机制，保障数据的物理安全与隐私安全；在流通与共享环节，搭建数据流通规则与交易平台监管制度，在保障数据安全、合规使用的前提下，促进数据要素在不同主体、不同领域之间的高效配置，充分释放数据的经济价值与社会价值。

《上海市数据产品知识产权登记存证暂行办法》由上海市知识产权局与上海市数据局共同签发，为未来明确知识产权主管部门与数据主管部门的职能关系提供了一定参考。建议建立两部门常态化的协同机制，共同组建专家团队，深入调研数据知识产权领域的实际需求与发展趋势，共同商讨制定涉及数据知识产权的数据相关制度。从不同专业视角出发，对制度条款进行论证与优化，避免规则冲突，提高制度的科学性与连贯性，为我国数据知识产权工作的稳健前行提供坚实保障，助力我国在全球数据经济竞争中占据有利地位。

第 6 章

数据知识产权流通交易

6.1 数据知识产权保护是数据要素市场建立的制度前提

6.1.1 我国数据要素市场壮阔新篇正磅礴开启

在新一轮科技革命浪潮中，数字经济蓬勃兴起，正逐步成为重塑全球要素资源配置、经济架构以及竞争格局的关键力量。数据，作为数字经济的核心要素，围绕其构建知识产权保护体系、推进市场化进程，已成为推动数字经济高质量发展的重要突破口。

在企业生产运营中，数据对劳动力的赋能作用极为显著。在制造业领域，工人借助生产数据的实时反馈，能够精准调整生产操作，减少次品率，提升整体生产效率。在资本运作方面，数据的价值更是不可估量。金融机构在进行投资决策时，不再仅仅依赖传统的财务报表分析，而是借助大数据分析技术，对目标企业的市场前景、创新能力、风险状况等进行全面评估。例如，在评估一家新兴的科技创业公司时，通过分析其用户数据的增长趋势、用户活跃度以及技术研发数据等，能够更精准地判断该公司的投资潜力，从而引导金融资本流向最具价值的项目，有效促进了金融资本与实体经济的深度融合。在技术创新领域，数据的重要性愈发凸显。以人工智能领域的发展为例，大量的数据是训练高效算法的基础。谷歌 AlphaGo 之所以能够在围棋领域取得巨大成功，背后是海量棋谱数据的支撑。这些数据打破了传统的创新边界，让算法能够从大量的数据中学习到最优的策略，从而推动了人工智能技术的飞速发展。类似的，在医疗领域，通过对大量患者的病历数据、基因数据等进行分析，科研人员能够发现新的疾病治疗方法和药物靶点，加速了医疗技术的创新与突破。在国家经济运行体系中，数据要素发挥着优化资源配置的关键作用。政府通过对宏观经济数据的实时监测与深度分析，能够及时了解各产业的发展状况，从而引导资源向优势产业和新兴产业倾斜。例如，当发现某一地区的新能源产业发展潜力巨大，但面临资金短缺问题时，政府可以通过政策引导金融机构加大对该地区新能源产业的投资力度，促进产业的快速发展。在社会治理方面，数据要素更是推动治理模式变革的重要力量。以智慧城市建设为例，通过对城市交通数据、环境数据、人口数据等进行整合与分析，政府能够实现智能化的交通管理、精准的环境监测与治理，以及高效的公共服务供给。例如，在交通拥堵治理中，通过实时分析交通流量数据，智能交通系统可以动态调整信号灯的时长，有效缓解交通拥堵状况。这不仅提升了城市的运行效率，也为居民提供了更加便捷、舒适的生活环境。总之，数据要素在当今社会的各个领域都发挥着不可替代的重要作用，成为推动社会进步与经济发展的核心驱动力。

我国高度重视数据要素市场培育与发展工作。习近平总书记多次就数据要素发表重要论断，指出："要构建以数据为关键要素的数字经济""做大做强数字经济，拓展经济发展新空间"①。在中央经济工作会议等关键决策场合，发展数字经济、培育新质生产力的战略部署被深入研讨、重磅敲定，为构建以数据为核心的数字经济点亮前行之路。

回顾过往政策推进历程，2020 年《关于构建更加完善的数据要素市场化配置体制机制的意见》正式出台。该意见以习近平新时代中国特色社会主义思想为指引，稳步推进各项任务。在指导思想层面，紧扣供给侧结构性改革主线，秉持创新、协调、绿色、开放、共享的新发展理念，着力破除要素自

---

① 乔晗，黄朝椿. 构建以数据为关键要素的数字经济 [EB/OL]. (2022-06-23) [2025-02-27]. http://paper.people.com.cn/rmrb/html/2022-06/23/nw.D110000renmrb_20220623_2-10.htm.

由流动的体制障碍。在基本原则上，坚持市场主导与有序流动相结合，让市场在资源配置中起决定性作用，同时政府完善制度、创新监管，保障市场平稳运行。聚焦问题导向与分类施策，直击要素配置痛点难点。遵循稳中求进总基调，为新兴要素形态成长开辟道路。尤为关键的是，该意见为数据这一新型要素的市场化配置厘清思路，为统一数据标准、拓展应用场景、释放数据价值奠定基础。

2021 年，上海市、深圳市分别发布《上海市数据条例》与《深圳经济特区数据条例》。上海市着力深化数据要素市场化配置改革，营造公平、开放、有序、诚信的市场环境。构建涵盖资产评估、登记结算、交易撮合、争议解决的市场运营体系，推动数据有序流动。鼓励市场主体开展数据共享、开放、交易与合作，培育市场主体，支持数据技术研发与应用，挖掘数据价值。探索构建数据资产评估指标体系与制度，开展资产凭证试点，建立数据要素配置的统计与评估体系。同时，支持数据交易服务机构发展，规范其服务与人员行为，明确交易规则与限制，市场主体可自主定价，相关部门制订价格评估导则与指标。深圳市注重统筹规划，加快培育数据要素市场体系，涵盖数据收集、加工、共享、开放、交易、应用等环节。要求市场主体落实数据管理责任，分类分级保护和管理数据，确保数据质量。组织制定各类数据标准，支持行业组织和市场主体参与，推动数据质量与价值评估准则构建，探索建立统计核算制度。推动建立数据交易平台，规范交易环境与规则，明确可交易范围，禁止非法交易。强调市场主体公平竞争，禁止侵害权益、差别待遇、垄断等行为。两地在数据要素市场建设上各有特色，为我国数据要素市场发展提供了支撑与示范。

2022 年，"数据二十条"重磅发布，以 20 条务实有力的举措，精心擘画我国数据要素市场长远发展蓝图。围绕促进数据合规高效流通、赋能实体经济核心任务，聚焦数据产权界定、流通交易规则、收益分配机制、安全治理体系四大关键领域，全方位搭建数据基础制度框架，推动数据从无序走向有序，实现可确权、可流通、可交易，为经济高质量发展注入澎湃动力。

步入 2023 年，政策推进步伐持续加快。2 月，《数字中国建设整体布局规划》出台，将数据资源体系置于数字中国 "2522" 整体框架的基石位置，对构建国家数据管理体制机制、激发商业数据潜能、攻坚数据产权制度等提出明确要求，为数据要素成长筑牢根基。3月，《党和国家机构改革方案》公布，国家数据局成立，肩负起协调推进数据基础制度建设、统筹数据资源整合共享与开发利用的重任，引领多地率先探索数据开放、交易等前沿实践，推动数据要素市场化从蓝图迈向现实。10月，国家数据局正式挂牌，标志着数据要素市场化改革迈入全新高速发展阶段，承载着深化数据赋能使命，力求让数据在市场中实现"供得出、流得畅、用得好、保安全"。12月，国家发展改革委、国家数据局联合出台《数字经济促进共同富裕实施方案》，助力数字基础设施建设，推动数据要素跨区域顺畅流通融合，促进数字技术与实体经济深度融合。同期，多部门协同发布《关于深入实施"东数西算"工程 加快构建全国一体化算力网的实施意见》，驱动算力、数据、算法深度融合，营造数据共享交换、流通交易的安全可信环境，编织全国算力互联互通网络。尤为引人瞩目的是，国家数据局等17部门联合印发《"数据要素×"三年行动计划（2024—2026年）》，运用场景驱动策略，依据不同行业特性深挖数据要素潜能，通过试点工程、大赛、典型案例发布等多元创新方式，全力促进数据要素高水平应用，培育新兴产业、创新模式、催生新动能，为高质量发展、中国式现代化注入强劲动力。

2024年7月，党的二十届三中全会为数据要素发展进一步提供战略指引，会议聚焦建设运营国家数据基础设施、促进数据共享等关键任务，在数据产权明晰归属、规范市场交易、合理分配权益、有力保护利益以及提升安全治理监管能力等关键环节精准施策。2024年12月和2025年1月，国家数据局先后发布《数据领域常用名词解释（第一批）》和《数据领域常用名词解释（第二批）》征求意见稿，旨在进一步推动社会各界深入理解数据领域术语，凝聚共识，为后续数据领域的交流协作与创新发展筑牢根基。2025年1月，国家发展改革委等部门发布《关于促进数据标注产业高质量发展的实施意见》，明确到2027年产业发展目标，从深化需求牵引、增强创新驱动等方面部署重点任务，推动数据标注产业专业化、智能化及科技创新能力提升，释放公共数据标注需求，赋能产业转型升级。同月，国家发展改革委等部门印发《关于完善数据流通安全治理 更好促进数据要素市场化价值化的实施方案》，从明晰企业数据流通安全规则、加强公共数据流通安全管理、强化个人数据流通保障等7个方面，推动数据高质量发展和高水平安全良性互动，促进数据安全有序流通。

至此，一系列重磅文件的相继出台，我国数据要素政策体系已然成型，一幅数据资源顺畅循环、数据要素价值充分释放、全体人民共享数字经济发展成果的宏伟蓝图清晰展现。然而，当前数据（数据知识产权）流通交易领域仍面临规模受限、效率不高、规则不全等困境。构建更为完善的数据流通交易体系，激活价格形成机制，充分调动各方积极性，做大做强数据要素市场，已成为亟待攻克的关键课题。这迫切需要学界、业界、政府三方通力合作，在技术创新突破、制度优化升级、应用拓展深化等多方面持续发力，深挖数据要素潜力，助力数据要素市场在数字经济浪潮中稳健前行。

6.1.2　数据知识产权保护是数据要素市场建立的制度前提

数据知识产权保护对于数据要素市场的建立起着基石性作用。首先，从市场激励机制角度来看，依据《知识产权强国建设纲要（2021—2035 年）》所强调的对创新成果予以保护以激发创新活力的理念，数据知识产权保护能够确保数据处理者对其投入大量人力、物力、财力，经过实质性加工和创新性劳动后形成的具有智力成果属性和商业价值的数据享有相应权益。若没有数据知识产权保护，企业难以从这些创新成果中获取收益，必然抑制其进一步投入数据开发的积极性，进而阻碍数据要素市场的创新驱动力。

其次，数据的流通与共享是数据要素市场繁荣的关键。正如"数据二十条"所提及的，清晰的产权界定是市场交易的前提。数据知识产权通过明确数据的归属权、使用权、收益权等，为数据在不同主体间的流通提供了合法性基础。以金融领域为例，银行与金融科技公司之间的数据合作，若无明确的数据知识产权保护规则，双方在数据权属、使用范围、收益分配等问题上极易产生纠纷，阻碍数据流通，使数据要素难以高效配置，制约数据要素市场的发展规模与速度。

最后，数据知识产权保护有助于维护数据要素市场的公平竞争环境。在市场竞争中，若部分主体可以肆意窃取他人数据知识产权成果，凭借不正当手段获取竞争优势，将破坏整个市场生态。参考《反不正当竞争法》对于保护经营者合法权益、维护市场竞争秩序的规定精神，数据知识产权保护能够遏制此类不正当竞争行为，保障各市场主体在公平的规则下参与数据要素市场活动，促进市场健康发展。

6.2 数据知识产权流通交易是数据要素市场建立的关键路径

6.2.1 确权是流通交易的前提保障

确权是数据知识产权保护的首要难题。首先，数据来源广泛，涉及个人、企业、政府等多元主体，不同主体在数据生成、收集、加工各环节的权利边界模糊，用户、平台以及可能的数据第三方使用者之间，对于数据的所有权、使用权、收益权分配缺乏明确界定规则，易引发纠纷；其次，现有确权技术手段有限，难以适应海量、动态数据的管理需求。区块链技术虽在一定程度上为数据确权提供可信存证、溯源功能，但尚未广泛普及且面临技术标准不统一、成本较高等问题，传统的登记制度在效率、准确性、跨区域互认等方面也存在诸多短板，无法满足数据要素市场快速发展对确权及时性、精准性的要求。

1. 主体赋能激活，构建数据要素市场的全链权责体系

在当下数据经济迅猛发展的格局中，数据要素市场的各类参与主体构成了推动整个生态体系持续演进的关键支撑架构，其于数据知识产权的确权流程以及后续的流通交易环节，发挥着不可或缺且具有决定性意义的关键效能。

聚焦确权层面深入剖析，不同参与主体深度嵌入数据生命周期的各个关键节点，各自承担着专业性极强的关键任务。数据供给方作为数据链条的起始源头，负责挖掘未经处理的原始数据，这些原始素材构成了后续一切数据应用与开发的基石；数据运营者运用专业的数据管理知识与技术手段，对原始数据实施整合与梳理，通过构建有序的数据结构、优化数据存储等方式，

初步赋予数据可用性，使其能够适配进一步的开发需求；数据开发者则站在技术创新前沿，依托深厚的专业技术功底，投入大量研发资源，对运营后的数据实施深度加工，引入诸如机器学习算法、大数据分析模型等前沿技术，将原始数据转化为具备高附加值、蕴含独特知识产权的数据产品。在这一复杂且环环相扣的过程中，每个环节均深度凝结了各主体投入的专业智力成果以及大量的资源投入，清晰界定这些主体的权责边界，是精准判定知识产权归属的前置条件，唯有如此，确权工作方能获得坚实的事实依据，有效规避因权属模糊引发的各类纠纷，为数据资产稳固构筑产权防护壁垒。

在流通交易环节，各主体同样扮演着至关重要的功能性角色。专业的数据商凭借对市场动态的精准洞察、长期积累的行业经验以及广泛的商业资源网络，精准识别供需双方潜在需求，通过搭建高效的供需对接平台、提供定制化的数据产品解决方案等方式，高效促成数据交易的达成；第三方服务机构依托专业的评估技术、严谨的认证流程、完善的审计规范等专业服务体系，为数据交易提供公信力背书，降低交易过程中的信息不对称风险、信用风险以及合规风险，全方位提升交易的流畅性与成功率。正是得益于众多主体间紧密协作、协同发力的运作模式，数据知识产权才得以在市场广阔空间内实现高效流通。

从政策指引维度审视，"数据二十条"为市场发展锚定了精准航向。一方面，在统筹构建规范高效的数据交易场所这项关键布局任务中，政策蕴含着系统且极具前瞻性的战略考量。强化数据交易场所的体系设计绝非简单的规划行为，这要求政策制定者站在宏观战略高度，全面、深入地综合分析各地纷繁复杂的数据资源分布态势、差异化显著的产业发展需求特征等关键要素，运用科学严谨的统筹方法，对交易场所的规划布局实施精细化管控，严格约束场所数量扩张冲动，防范因盲目扩张引发的资源错配、市场失序等负面效应。与此同时，及时出台具有针对性的交易场所运营管理办法，为场所日常运营设定清晰明确的规范准则，精心构建涵盖交易全流程、安全保障全方位的标准化体系，借此切实削减交易成本，助力市场运行效率实现跃升。不仅如此，政策还着重引导多种类型的数据交易场所协同共进，国家级交易场所更是承载着核心使命，既要全力凸显合规监管与基础服务的关键职能，持续强化公共属性与公益定位，稳固市场根基；又要稳步推动其与数据商厘清职能边界，实现各司其职的功能分化，吸引各类数据商踊跃投身市场交易。在此基础上，规范区域性、行业性的数据交易场所与平台同样不容忽视，促使它们与国家级平台构建紧密联动、互联互通的协同关系，逐步搭建起层次分明、协同高效的多层次市场交易体系，全方位打通数据在不同区域、行业间的流通梗阻，为数据要素自由流动营造畅通环境。

另一方面，悉心培育数据要素流通和交易服务生态已然成为市场发展的关键任务。围绕促进数据合规高效、安全有序流通与交易这一核心目标，一批具备深厚专业素养、精湛业务能力的数据商与第三方服务机构应运而生，为市场注入蓬勃发展动力。数据商作为衔接供需双方的关键纽带，能够依据动态变化的市场需求，为数据交易双方精心定制涵盖数据产品开发、发布、承销等一站式精细化服务，凭借专业技术能力助力数据资产实现合规化、标准化、增值化转型，大幅提升交易效率。尤其在智能制造、节能降碳、绿色建造、新能源、智慧城市等与前沿科技深度融合且关乎国计民生的重点领域，紧密贴合实际业务需求精准培育行业性、产业化的数据商迫在眉睫，鼓励不同所有制的数据商公平竞争、携手共进，充分激发市场潜在活力。与之同步，有序培育诸如数据集成、经纪、合规认证、安全审计、公证、保险、托管、资产评估、争议仲裁、风险评估、人才培训等多元化的第三方服务机构，使之全方位、全流程嵌入数据流通与交易环节，凭借专业服务能力为市场平稳、稳健运行提供坚实保障，持续推动整体服务能力迈向更高层级。

此外，也有学者依据传统交易市场主体已然成熟的分类范式，即将其细分为交易活动主体、市场生态合作者、监督者三大类别，对数据要素市场主体展开了精准剖析与划分。[①] 其中，交易活动主要参与主体完整覆盖了数据从初始源头直至终端应用的全链条关键环节。数据资源供给方作为数据的起始生产者，持续输出原始素材，为数据产业发展提供基础物质支撑；数据运营服务中心扮演着数据流通"调度枢纽"角色，负责对海量数据实施高效整合与精准调配，保障数据流转顺畅有序；数据产品开发商聚焦于技术创新前沿，运用前沿科技手段将原始数据转化为具备市场竞争力的数据产品，实现数据的价值增值；数据产品需求方凭借自身实际需求驱动市场发展导向，反向引

---

① 申卫星，陆志鹏. 数据产权论 [M]. 北京：商务印书馆，2024.

导数据产品持续优化升级；数据交易中介机构发挥供需"桥梁"作用，凭借专业的商业资源与信息对接能力，在供需双方之间牵线搭桥，促成交易顺利达成；元件开发商则专注于提供底层核心技术支撑，筑牢整个数据系统的技术根基。市场生态合作者同样在市场繁荣进程中发挥着不可忽视的辅助推动作用。数据经纪商凭借广泛人脉资源与敏锐市场洞察力，全力拓展市场渠道，助力数据产品更广泛地触达目标客户；数据信托机构专注于保障数据主体合法权益，通过构建严谨的信托机制，确保数据在流通与使用过程中不侵害主体权益；个人数据管理运营商聚焦个体数据隐私保护，运用专业的加密技术、访问控制手段等维护个体隐私安全；数据登记中心承担着数据产权记录职能，详实记录数据产权轨迹，为确权工作提供关键事实依据；第三方评估机构运用科学专业的评估模型量化数据价值，确保市场交易在公平公正的价值基准上进行。而市场监管者现阶段主要由代表政府行使权力的数据局与知识产权局担当，秉持严谨执法态度，对数据全生命周期实施严格监管，确保市场始终运行在法治轨道上，保障各方合法权益，维护市场正常秩序。

2. "三权分置"落地探索，推动多主体参与的标准化确权模式

在推进"三权分置"落地的过程中，需多维度探索创新，构建更为完善的标准化确权模式。一方面，充分发挥行业协会与产业联盟的自律作用至关重要。应积极鼓励其依据各行业的独特性质和需求，深入制定具有针对性的行业数据确权指引。以金融行业为例，需充分考虑金融数据的高度敏感性、复杂性以及合规性要求等特殊性，明确客户数据、交易数据等在金融机构、第三方数据处理者以及相关服务提供商之间的权属分配原则，同时进一步细化数据的使用范围、使用条件、保密要求以及收益分配等规则，通过这种方式切实提高行业内部数据确权的效率和规范性，为行业内的数据流通交易提供清晰明确的产权依据，有效减少权属纠纷的发生。另一方面，强化技术赋能确权是关键举措。加大对区块链、可信时间戳、联邦学习等新兴技术在数据确权领域的研发投入力度，积极探索这些技术在数据生成、收集、存储、加工、传输、共享等全生命周期中的创新应用模式，建立全国统一的数据确权技术标准体系，确保不同地区、不同行业、不同主体在数据确权过程中能够遵循统一的技术规范和标准流程，降低因技术差异导致的沟通成本和协调

难度，同时提高技术应用的效率和可靠性，切实降低技术应用成本。例如，利用区块链的分布式账本技术，实现数据权属信息的不可篡改和可追溯，为数据确权提供可信的技术支撑；通过可信时间戳技术，精准记录数据的产生时间和修改记录，为数据权属的判定提供时间维度的证据支持。此外，优化传统的数据登记制度不可或缺。构建线上线下一体化登记平台，打破传统登记制度在时间和空间上的限制，实现登记信息的实时更新、共享和互认。线上平台应具备便捷的用户界面和高效的登记流程，方便数据主体随时随地进行数据登记和查询；线下平台则应提供专业的咨询服务和现场指导，帮助数据主体解决登记过程中遇到的复杂问题；同时，加强登记平台与其他相关部门和机构的信息对接与协同合作，如与知识产权局等建立数据共享机制，确保登记信息的准确性和完整性，提高确权的便捷性与公信力，为数据知识产权的保护和流通交易奠定坚实的基础。

6.2.2 评估是流通交易的关键环节

数据作为新的生产要素，在当今数字化时代具有至关重要的地位，其蕴含的巨大经济价值已成为推动经济发展的关键力量。党的十九大报告中明确提出"坚持按劳分配原则，完善按要素分配的体制机制，促进收入分配更合理、更有序"。党的十九届四中全会更是首次将数据要素纳入收入分配序列，并部署"建立健全由市场评价贡献、按贡献决定报酬的机制"任务。这一系列政策导向凸显了数据在经济活动中的重要性以及合理分配数据要素贡献的必要性，为数据知识产权的流通交易奠定了政策基础。

在数据知识产权流通交易中，建立科学的数据要素贡献评价机制、兼顾多方主体利益的分配机制以及公平高效的数据价值分配机制至关重要。"数据二十条"提出要充分发挥我国海量数据规模和丰富应用场景优势，激活数据要素潜能，做强做优做大数字经济，增强经济发展新动能，构筑国家竞争新优势。这进一步强调了数据在经济发展中的核心作用，同时也为数据知识产权的流通交易提供了更广阔的发展空间。在《企业数据资源相关会计处理暂行规定》发布之后，企业数据资产具有了资本化的路径，从而打通了从原始数据到数据资源、从数据资源到数据资产、从数据资产到企业资本的数据价值化全流程，为数据知识产权的流通交易提供了具体的实现路径。

1. 数据资产化实现路径

（1）数据资产化路径之一

在数据知识产权领域，数据资产化路径是实现数据价值和保障数据知识产权流通交易的重要环节。目前针对数据定价的实践努力方向之一是数据的"三化"，即数据资源化、数据资产化、数据资本化[①②]。

1）数据资源化。数据资源化是将原始数据转化为有序、有价值的数据资源的过程。这一过程包括数据的收集、处理、整合和分析等步骤，目的是使数据达到可采集、可见、标准化和互通可信的状态。在数据知识产权的框架下，数据资源化过程中的数据收集和处理必须确保合法性和合规性，以避免侵犯他人的数据知识产权。只有经过合法处理的原始数据，才能成为具有潜在价值的数据资源，为后续的数据资产化和资本化提供基础。

2）数据资产化。数据资产化是指数据通过机构内部使用或市场流通交易，为使用者带来经济利益的过程。作为资产的数据资源必须满足两个条件：一是数据本身能够产生价值；二是数据能够帮助现有产品增加收益。在数据知识产权的流通交易中，数据资产化的核心在于明确数据的权属和价值，确保数据资产的合法性和合规性，保护数据所有者的知识产权，同时促进数据资产在市场中的流通和交易，实现其经济价值。

3）数据资本化。数据资本化是指数据从货币性资产向可增值的金融性资产转化的过程，包括数据证券化、数据银行、数据质押融资和数据信托等金融工具的应用。在数据资本化过程中，数据知识产权的保护是关键。数据拥有者在实现资金融通的同时，必须确保其数据知识产权不受侵犯。投资者在参与数据资本化项目时，也需评估数据的知识产权状况，以降低投资风险。数据资本化不仅使数据拥有者和投资者能够共享数据带来的经济收益，还能提升数据的价值和流通性，促进数据知识产权的流通交易。

---

① 中国信息通信研究院政策与经济研究所. 数据价值化与数据要素市场发展报告（2021 年）[R]. 北京：中国信息通信研究院政策与经济研究所，2021.

② 张平文，邱泽奇. 数据要素五论 [M]. 北京：北京大学出版社，2023.

目前，国内针对数据价值的理论研究主要分为两种思路，一是基于市场来定价，二是基于数据价值来定价。在数据知识产权流通交易中，这两种定价思路都需要充分考虑数据的知识产权因素，确保定价的合理性和公正性。数据资产化可谓当下理论界、实务界的热门话题，也是数据价值化链条中最重要的一环。在数据资产化的过程中，我国面临着数据资产确权挑战和数据资产合规挑战。数据资产的确权路径不明确，导致难以制定统一的交易规则来规范数据交易，影响了数据知识产权的流通交易。同时，数据资产合规挑战也要求企业在处理数据资产时，必须确保其数据处理活动遵守相关法律法规，特别是在涉及敏感信息的情况下，要保护好数据所有者的知识产权。数据资本化是数据价值化的高级阶段，在这个阶段，数据资产不仅具有使用价值，更具备了交换价值和投资价值。通过数据分析和挖掘，企业可以发现隐藏在数据中的商业机会和价值，进而将数据资产转化为实际的经济效益。在数据资本化过程中，金融机构也开始认识到数据资产的价值，并将其纳入风险评估和信贷决策的考量范围。因此，数据资本化对于促进数据知识产权的流通交易和实现数据资产的增值具有重要意义。

（2）数据资产化路径之二

上海数据交易所根据企业数据资产形成路径的研究，结合场内登记挂牌的业务实践，创新性提出企业数据资产化三部曲：数据资源化、资源产品化和产品资产化。[①] 在数据知识产权流通交易中，"数据资源化—资源产品化—产品资产化"这一路径为数据资产的形成和交易提供了另一个可借鉴角度。[②]

1）数据资源化。数据资源化是基础步骤，通过对原始数据进行收集、筛选、清洗、整合等一系列加工处理手段，将杂乱无章、价值未显的原始数据转化为可重用、可应用、可获取的数据集合。在此过程中，合法性与合规性是必须坚守的底线。企业需严格审查数据来源，确保数据收集过程符合法律法规要求，避免侵犯他人的数据知识产权。例如，在收集用户数据时，需遵循用户隐私保护相关法规，获取用户明确授权。只有经过合法合规处理的原

---

① 赵丽芳，刘小钰，林立，等. 数据资产入表及估值实践与操作指南 [Z]. 上海：上海数据交易所，2023.

② 张平文，邱泽奇. 数据要素五论 [M]. 北京：北京大学出版社，2023.

始数据，才能成为具有潜在价值、可供后续深度开发的数据资源，为后续的资源产品化和产品资产化筑牢根基。

2）资源产品化。资源产品化是关键环节，它要求企业在数据资源的基础上付出实质性加工和创新性劳动，将数据资源转化为具有特定功能、可在市场上交易的数据产品。这不仅涉及对数据的深度分析、挖掘，还需要结合市场需求进行产品设计与开发。企业要注重数据产品的质量把控，确保数据的准确性、完整性和时效性，提升产品的价值。同时，对数据知识产权的保护在这一环节尤为重要。企业在利用数据资源创造产品时，需确保自身拥有合法的使用权限，避免因侵权行为引发法律纠纷。比如，基于用户行为数据开发的精准营销数据产品，企业需确保对用户数据的使用符合相关规定，保护用户隐私和数据知识产权。

3）产品资产化。产品资产化是最终目标，旨在将数据产品转化为能够在市场上流通交易、具有明确权属和价值的数据资产。企业通常通过数据资产凭证等方式，明确数据资产的权属关系和价值评估。数据资产凭证依托全国数据交易链，记录了数据的来源、类型、权属、质量等关键信息，为数据资产的交易、交付提供了可追溯的证据，确保了交易的完整性、真实性和相关性。例如，企业凭借数据资产凭证，在数据交易市场上进行数据资产的买卖、质押融资等活动。通过产品资产化，实现数据资产的资本化和流通交易，为数据知识产权的流通交易提供坚实保障，推动数据资产在市场中实现其最大价值。

从企业数字化转型角度去规划企业数据资产形成的路径，最重要的工作是做好前期的业务流程规划，一方面要明确数据产品开发管理流程，为合理归集开发阶段成本奠定基础，另一方面要明确数据产品的应用场景，合理定价并推进市场相关工作。在这个过程中，企业需要充分考虑数据知识产权的保护和流通交易，确保数据资产的形成和交易合法合规，实现数据资产的价值最大化。

2. 数据评估方法

（1）数据分级评估

数据评估是一个较为宽泛的概念，它涵盖了对数据各个方面的审视与判断，包括但不限于数据的质量、价值、安全性以及分级等多个维度，旨在全面了解数据的特征与属性，为数据的管理、应用以及交易等活动提供依据。GB/T 43697—2024《数据安全技术 数据分类分级规则》规定了数据分类分级的原则、框架、方法和流程，将数据分成了重要数据、核心数据与一般数据。在数据知识产权流通交易中，数据分级评估具有重要意义。

不同级别的数据在知识产权保护和流通交易方面存在差异。重要数据和核心数据通常具有更高的价值和敏感性，其知识产权保护要求更为严格。在流通交易过程中，需要采取更加严格的安全措施和审批程序，确保数据的安全和合法使用。一般数据的知识产权保护相对较弱，但也需要遵守相关法律法规和交易规则。通过数据分级评估，可以根据数据的不同级别制定相应的知识产权保护策略和流通交易规则，提高数据知识产权管理的效率和效果。

（2）数据资产价值评估

数据资产价值评估是数据评估的一个特定子集，聚焦于数据资产的经济价值评定。它主要从资产的角度出发，通过运用成本法、收益法和市场法等专业手段，结合数据的信息属性、法律属性与价值属性，对数据资产在特定市场环境下的价值进行量化，为数据资产的交易定价、财务报表编制等经济活动提供关键参考，目前来说，有数据资产价值评估和数据资产质量评估两类。在数据知识产权流通交易中，数据资产价值评估是确定数据资产价格和保障交易公平公正的关键环节。根据中国资产评估协会 2019 年 12 月 31 日印发的《资产评估专家指引第 9 号——数据资产评估》和 2023 年 9 月 8 日发布的《数据资产评估指导意见》，数据资产价值评估方法主要包含成本法、收益法和市场法三种基本方法及其衍生方法。

《数据资产评估指导意见》和《企业数据资源相关会计处理暂行规定》存在逻辑上的递进关系，数据资产定价是数据资产入表的前提。在数据资产价值评估过程中，律师的作用至关重要。律师需要与价值评估机构进行有效的沟通和协作，确保评估过程符合相关法律法规和会计准则的要求。在数据知识产权流通交易中，律师需要对数据资产的权属、合法性、合规性等进行审查，为数据资产价值评估提供法律支持和保障。

《数据资产评估指导意见》第 12 条指出了数据资产的三大属性，分别是信息属性、法律属性与价值属性。其中，法律属性主要包括授权主体信息、产权持有人信息，以及权利路径、权利类型、权利范围、权利期限、权利限制等权利信息。在数据知识产权流通交易中，明确数据资产的法律属性是保障交易双方合法权益的关键。数据资产的所有权确认是数据资产会计和价值评估的关键前置条件，在审计过程中，审计师需要对数据资产的所有权问题进行特别关注。《数据资产评估指导意见》第 19 条对数据资产价值评估提供了明确的指引，涵盖收益法、成本法和市场法三种基本评估方法及其衍生方法。在评估方法中，明确指出"法律"问题对价值评估的影响，如在采取"收益法"评估数据资产时，需要考虑数据资产应用过程中的管理风险、流通风险、数据安全风险、监管风险等因素估算折现率，同时要综合考虑数据资产的法律有效期限、相关合同有效期限、数据资产的更新时间、数据资产时效性、数据资产的权利状况以及相关产品生命周期等因素，合理确定经济寿命或者收益期限，并关注数据资产在收益期限内的贡献情况。在数据知识产权流通交易中，这些因素都需要充分考虑，确保数据资产价值评估的准确性和公正性，关于成本法、收益法、市场法的具体定义和计算方法可以直接参考《数据资产评估指导意见》，本书中不再赘述。

（3）数据资产质量评估

数据资产质量评估的重要性也不容忽视，在数据知识产权流通交易中，数据资产质量评估是保障交易双方合法权益和促进数据资产流通的重要环节。"数据二十条"明确要求要"加强数据质量评估标准制定"。规范层面，我国《信息技术　数据质量评价指标》（GB/T 36344—2018）提出六大核心指标：规范性、完整性、准确性、一致性、时效性、可访问性。《信息技术　大数据　数据资产价值评估（征求意见稿）》（2022 年发布）第 6.2 条、《数据资产评估指导意见》第 16 条延续了前述评价体系，并提出了资产评估专业人员应当关注数据资产质量，并采取恰当方式执行数据质量评价程序或者获得数据质量的评价结果。

结合《数据资产评估指导意见》和《信息技术　数据质量评价指标》，有学者对数据资产质量评估进行了分析，包括数据质量评价过程和评估数据质量的主要维度①。在数据质量评价过程中，需要确定数据质量评价对象、选择数据质量评价指标体系、采集数据质量评价数据、计算数据质量评价指标得分、对数据质量评价结果进行分析和解释，并针对数据质量评价结果提出改进措施。在评估数据质量的主要维度方面，包括准确性、一致性、完整性、规范性、时效性、可访问性等。在数据知识产权流通交易中，评估数据资产的质量可以帮助交易双方更好地了解数据的价值和风险，确保交易的公平公正和安全可靠。

6.2.3 场内外结合是流通交易的表达形式

数据流通交易中的流通与交易是两个概念，其中数据流通的范围更大。一方面，数据主体对数据的自留使用、主动共享和对外交易均会带来不同程度的数据流动；② 另一方面，存在部分数据虽能流通却无法交易，例如在政府部门间流转的数据。③ 在北京市相关部门，即北京市市场监督管理局、政务服务和数据管理局、经济和信息化局的指导下，北京国际大数据交易所牵头开展数据标准化工作，主要负责起草研制了三项北京市地方标准：《数据交易通用指南》（DB11/T 2348—2024）、《数据交易服务指南》（DB11/T 2349—2024）和《数据交易安全评估指南》（DB11/T 2350—2024），这三项标准的正式发布，极大地推动了北京市数据基础制度的落实。《数据交易通用指南》（DB11/T 2348—2024）作为纲领性标准，基于北京在数据交易领域的创新与实践，明确了数据交易的基础概念，如相关定义、原则、流程和模式等，创新性地划分了场内、场外交易的两大类型及五种具体模式，对规范数据交易市场、构建数据要素标准体系及保障数据高效流通意义重大；《数据交易服务指南》（DB11/T 2349—2024）参考了北京及各地数据交易场所的服务情况，提出了场内数据交易的服务原则、架构和内容，通过整合各类服务商，规范了交易主体入驻、标的登记、交付、结算等六大环节的服务，推动场内数据交易服务的标准化；《数据交易安全评估指南》（DB11/T 2350—2024）则是对《信

---

① 陈福. 数据资产入表与资本化 [M]. 北京：知识产权出版社，2024.
② 熊巧琴，汤珂. 数据要素的界权、交易和定价研究进展 [J]. 经济学动态，2021 (2)：143-158.
③ 苏成慧. 论可交易数据的限定 [J]. 现代法学，2020，42 (5)：136-149.

息安全技术　数据交易服务安全要求》（GB/T 37932—2019）最新修订征求意见稿的落实，针对数据交易的三方参与主体，详细规定了安全评估的方法、内容、流程、报告编写及结果应用等，既适用于交易方自评估和第三方评估，也为监管部门提供了监管参考，对北京营造安全有序的数据交易环境作用显著。

1. 场内流通交易

2025 年 1 月，国家数据局局长刘烈宏在全国数据工作会议上表示，2024 年，全国数据市场交易规模预计超 1600 亿元，同比增长 30% 以上，其中场内市场数据交易（含备案交易）规模预计超 300 亿元，同比实现翻番。[①] 2024 年，在国家数据局的推动下，24 家数据交易机构联合发布《数据交易机构互认互通倡议》，在打破区域壁垒、畅通数据要素流通渠道、提升数据流通交易效率方面做了有益探索。北京、上海、浙江、广州、深圳、海南、贵阳等地重点数据交易机构上架产品 1.6 万多个、数据交易（含备案交易）总额超 220 亿元，同比增长 80%。其中部分省市具有代表性。2023 年 7 月，北京市发布数据要素市场建设领域十二大落地创新成果，其中 9 项由北京国际大数据交易所主导完成，包括跨境征信报告核验项目、数据登记业务互认互通、数据资产抵押授信等，为数据跨境、数据服务业务互通、数据要素金融服务等方面探索提供了宝贵经验。[②] 2024 年 11 月，上海数据交易所公布，预计全年数据交易额突破 40 亿元，到 2024 年年底，累计挂牌数据产品数超 4000 个，为企业对接金融服务授信金额超过 5 亿元。[③] 与此同时，广东数字援疆迎来新成果，广州数据交易所（喀什）服务基地（以下简称"喀什基地"）数据交易额已达 1.093 亿元。喀什基地于 2023 年 12 月挂牌成立，在不到一年时间内交易额突破亿元大关，"领跑"广州数据交易所的省外服务基地，同时"领跑"

①　中华人民共和国中央人民政府. 全国数据工作会议在京召开 [EB/OL]. （2025-01-13）[2025-02-27]. http://www.gov.cn/lianbo/bumen/202501/content_6998142.htm.

②　北京国际大数据交易所. 12 项数据要素创新成果重磅发布，北京市数据要素市场建设成绩突出 [EB/OL]. （2023-07-08）[2025-02-27]. https://www.sohu.com/a/695685042_121394207.

③　魏来. 今年数据交易额或突破 40 亿元！上海数据交易所发布年度十大建设成果 [EB/OL]. （2024-11-26）[2025-02-27]. https://finance.eastmoney.com/a/202411263251350936.html.

整个新疆的数据交易市场。① 北京、上海、广州三地的数据交易所仅仅是全国各地组建运营的数据交易机构的代表。随着数据要素产业的蓬勃发展，全国各地纷纷组建运营数据交易机构。据统计，截至 2024 年 11 月 13 日，上海、北京、浙江等 22 个省市的 30 余家数据交易机构已开业并正常运营，另有部分省市的数据交易机构尚在组建中。

"所商分离"是中央《数据二十条》提出的一个重要理念，它借鉴了证券市场交易所与证券商分离的经验模式，旨在推动建立公益性的数据交易场所与专业性市场化的数据商相分离的运行机制。在当前所商分离的大趋势下，数据商生态正处于持续优化与发展的进程中。从广义视角出发，"数据二十条"所倡导的数据商以及第三方专业服务机构，皆可被纳入"数商"这一范畴。数商的核心使命在于为数据的供需双方提供全方位的数据服务与市场服务。在地方政府的政策扶持以及数据交易所的有力协助下，各类数商积极主动地探寻自身在市场中的精准定位，这一举措极大地推动了数商生态的持续完善。以上海数据交易所为例，其以打造数商生态作为自身特色发展方向，从完善交易制度、丰富产品供给种类、强化基础设施建设以及提升交易活跃度这四个关键维度入手，初步搭建起了数商生态体系的基本架构。2023 年 6 月，上海数据交易所正式上线了"数商生态"服务平台，该平台借助多样化的方式助力数商开展业务，将服务的触角延伸至数据交易的每一个环节，极大地激发了数商参与数据要素市场的积极性。

全国主要数据交易所一览表（不完全统计）见表 6-1。

表 6-1　全国主要数据交易所一览表（不完全统计）

序号	区域	名称	成立年份
1	广东	交通大数据交易平台	2015
2	江苏	华东江苏大数据交易中心	2015
3	浙江	杭州钱塘大数据交易中心	2015
4	湖北	武汉东湖大数据交易中心	2015

---

① 交易额破亿！广州数据交易所（喀什）服务基地"领跑"新疆数据交易市场［EB/OL］.（2024-11-14）［2025-02-27］. http://xjks.gov.cn/kss/c118747/202411/2ecb953a043c43f0b28513eeebac07d5.shtml.

序号	区域	名称	成立年份
5	湖北	武汉长江大数据交易中心	2015
6	湖北	华中大数据交易所	2015
7	河北	河北大数据交易中心	2015
8	贵州	贵阳大数据交易所	2015
9	重庆	重庆大数据交易平台	2015
10	陕西	西咸新区大数据交易所	2015
11	上海	上海数据交易中心	2016
12	江苏	华夏国信大数据交易中心有限公司	2016
13	浙江	浙江大数据交易中心	2016
14	广东	广州数据交易服务平台	2016
15	广东	南方大数据交易中心	2016
16	河北	河北京津冀数据交易中心有限公司	2016
17	黑龙江	哈尔滨数据交易中心	2016
18	甘肃	丝路辉煌大数据交易中心	2016
19	新疆	亚欧大数据交易中心	2016
20	山东	青岛中州国际航运大数据交易中心有限公司	2017
21	山东	青岛大数据交易中心	2017
22	河南	河南平原大数据交易中心	2017
23	河南	河南中原大数据交易中心	2017
24	宁夏	中天国能集团大数据交易中心有限公司	2017
25	江西	上饶市华海能源与大数据交易中心有限公司	2018
26	吉林	东北亚大数据交易服务中心	2018
27	北京	中关村医药健康大数据交易平台	2020
28	安徽	安徽大数据交易中心	2020
29	广西	北部湾大数据交易中心	2020
30	广西	广西北部湾大数据交易中心	2020
31	山西	山西数据交易平台	2020
32	山东	山东数据交易平台	2020
33	上海	上海数据交易所	2021
34	北京	北京国际大数据交易所	2021

续表

序号	区域	名称	成立年份
35	广东	华南国际数据交易公司	2021
36	贵州	贵州省数据流通交易服务中心	2021
37	海南	海南数据产品超市	2021
38	江苏	长三角数据要素流通服务平台	2021
39	安徽	合肥数据要素流通平台	2021
40	重庆	西部数据交易中心	2021
41	四川	德阳数据交易中心	2021
42	广东	深圳数据交易所	2022
43	广东	广州数据交易所	2022
44	海南	海南数据交易服务有限公司	2022
45	湖南	湖南大数据交易所	2022
46	江苏	无锡大数据交易中心	2022
47	江苏	苏州大数据交易所	2022
48	福建	福建大数据交易所	2022
49	山东	青岛海洋数据交易平台	2022
50	河南	郑州数据交易中心	2022
51	天津	北方大数据交易中心	2023
52	江苏	苏北大数据交易中心	2023
53	江苏	淮海数据交易中心	2023
54	浙江	杭州数据交易所	2023
55	湖北	湖北数据集团有限公司	2023
56	吉林	长春数据交易中心	2023
57	内蒙古	内蒙古数据交易中心	2023
58	山西	山西数据要素登记流通中心有限公司	2023
59	山西	山西数据交易中心有限公司	2024
60	江西	江西省公共资源交易集团交易场所挂"江西省数据交易平台"	2024

2. 场外流通交易

从当前数据交易格局来看，场外流通交易在数据知识产权流通交易体系中占据着主导地位。新华社近日从国家数据局获悉，2024 年全国数据市场交易规模超 1600 亿元，同比增长 30% 以上。其中场外交易作为数据交易的重要形态之一，与场内交易一起构成了全国数据市场交易体系。就场外流通交易的具体方式而言，数据知识产权与数据具有较高相似性，一般涵盖许可、转让、信托、出资入股、质押融资以及证券化等多种模式。这些模式在实际应用中，依据不同的数据特性、交易主体需求以及市场环境，展现出各自独特的价值与运作方式，共同构成了场外数据知识产权流通交易的丰富生态。

（1）许可

数据许可是数据持有者授权许可数据需求者获取、使用数据的数据交易形态。数据具有独特属性，与劳动、土地、资本等传统生产要素不同，其具有非竞争性、非排他性与非消耗性。多个主体可同时收集和使用同一数据资产，且同一数据资产使用用途多元，在被多个主体使用后不仅不会减少或消失，反而可能因不断使用得以迭代、更新、再创造。[①] 这使得数据流通以许可他人使用为常态，依据《民法典》《专利法》相关原理，根据被许可人享有用益权的排他程度，数据知识产权许可方式可分为独占许可、排他许可与普通许可三类。独占许可下，被许可人是数据知识产权唯一使用权人，任何第三方甚至许可方均不能使用，许可人收益仅来自被许可人许可费。排他许可中，只有被许可人与许可人拥有使用权，第三方不得使用，许可人收益来自被许可人许可费及自身用益。普通许可则是许可人在约定范围内许可多人使用，自己也可使用。当双方对许可方式无约定或约定不明时，认定为普通许可[②]。此外，参照《专利法》，根据当事人相互关系，还可分为单向许可和交叉许可两类。

数据许可通常采用开放 API 接口、设置数据下载权限、开通数据驻场使

---

① 申卫星，陆志鹏. 数据产权论［M］. 北京：商务印书馆，2024.
② 马一德. 专利法原理［M］. 北京：高等教育出版社，2021.

用或远程访问权限等形式。数据持有者授权后仍保留数据财产权，但需向数据需求者持续提供数据访问、接入权限；数据需求者按约定享有获取、复制、使用数据权利，并支付许可使用费。[①] 签署数据许可合同的关键在于明确数据范围、使用目的、使用条件、安全保障义务、数据是否存储、是否允许再许可等。[②] 在实践中，例如某互联网企业将其用户行为数据以普通许可方式授权给一家市场调研公司，用于市场趋势分析研究，双方在合同中明确了数据使用期限为一年，数据仅可用于特定调研项目，不得向第三方披露等条款。

（2）转让

产权是社会强制实施的对经济品使用的权利，在具备控制、排他性等内生特质前提下，数据权益具有可转让性。[③] 数据知识产权转让是持有者将全部财产权一次性让渡给需求者的数据交易形态。从法律原理看，其虽与《民法典》中的技术转让合同形式有别，但实质具有"最相类似性"。

数据知识产权转让通常通过交付数据存储硬盘、迁移数据库、提供数据包等形式实现。若无特殊约定，提供者交易完成后丧失数据财产权，无权再持有、使用和经营数据；接收者成为新的财产权人，享有自主持有、使用和经营数据权利，并有权要求提供者删除原件或副本。[④] 在给付内容上，提供者除交付数据的主给付义务外，还应参照《民法典》第 868 条第 1 款承担交付技术资料、提供技术指导等从给付义务，如提供安全兼容的数据应用环境、通畅的数据访问接口等。同时，提供者需保证对交易标的依法享有财产权，若接收者按约处理数据侵害他人合法权益，除另有约定外，参照《民法典》第 874 条由提供者承担责任。例如，一家科技初创公司将其研发的具有自主知识产权的算法数据转让给一家大型科技企业，转让过程中不仅交付了算法代码数据包，还提供了详细的技术文档和为期一个月的技术支持服务，以确

---

① 时诚. 数据交易的合同法规则 [J]. 比较法研究, 2025 (1): 91-108.

② 高富平. 数据流通理论——数据资源权利配置的基础 [J]. 中外法学, 2019, 31 (6): 1405-1424.

③ 阿曼·A. 阿尔钦. 产权：一个经典注释//罗纳德·H. 科斯, 等. 财产权利与制度变迁：产权学派与新制度学派译文集 [M]. 刘守英, 等译. 上海：格致出版社, 上海三联书店, 上海人民出版社, 2014：121.

④ 时诚. 数据交易的合同法规则 [J]. 比较法研究, 2025 (1): 91-108.

保受让方能够顺利应用该算法。

（3）信托

1）数据信托。数据信托的概念最初源自隐私保护需求，诞生伊始是一种创新性的法律设想。国外在该领域的研究起步较早，历经发展，现已形成美国"信息受托人"与英国"数据信托"两种截然不同的理论体系。[①] 2016 年，美国耶鲁大学的 Jack M. Balkin 教授开创性地运用信托概念来阐释数据主体与数据控制人之间的关系。[②] Balkin 教授主张赋予数据控制者信义义务，使其承担起信息受托人的角色，以此矫正数据主体与数据控制人之间权力失衡的状况。该理论的核心在于借助信托原理，重塑双方的权利义务关系，打破数据控制中的权力壁垒。英国作为信托制度的发源地，提出了另一种构想。2018 年，英国开放数据研究所（Open Data Institute，ODI）明确将数据信托定义为"提供数据独立管理的法律结构"[③]。ODI 认为这是一种数据代理运营模式，委托人授权受托人对数据进行管理与决策，旨在充分挖掘数据价值。英国"数据信托"理论的本质是在数据主体与数据控制者之间搭建互信桥梁，关键在于引入独立第三方机构，为数据主体提供服务。相较于其他理论，该方案在实际操作层面更具可行性，并且英国相关机构已开展数据信托实践，并取得一定成果。

中国的信托制度起步较晚，主要借鉴的是英国的"数据信托"理论体系。根据《中华人民共和国信托法》，信托是委托人基于对受托人的信任，将财产权委托给受托人，由受托人按委托人意愿以自己名义为受益人利益或特定目的进行管理处分。在数据信托情境下，数据主体相当于委托人，将对自身数据的部分控制权委托给作为受托人的数据控制人。与传统赋权模式不同，数据信托机制以信义义务实现二者权利义务的不均衡配置。[④] 通过这种方式，可

---

① 邢亚楠，李跃文. 数据信托：数据流通的新路径 [J]. 法学，2023，11（5）：4537-4542.

② Balkin J M. Information Fiduciaries and the First Amendment [J]. UC Davis Law Review, 2015, 49（4）：1183.

③ Zhang X. A Commentary of Data Trusts in MIT Technology Review 2021 [J]. Fundamental Research, 2021, 1（6）：834-835.

④ 冯果，薛亦飒. 从"权利规范模式"走向"行为控制模式"的数据信托：数据主体权利保护机制构建的另一种思路 [J]. 法学评论，2020，38（3）：70-82.

以增强隐私保护，减少数据主体在数据泄露时的举证难度，提高获得救济的可能性，保护数字时代数据主体的脆弱性，发挥私法救济的功效。

我国近些年在数据信托领域积极探索实践。2016 年，中航信托与数据堂（北京）科技股份有限公司合作发行首单基于数据资产的信托产品；① 2020 年 9 月，北京市委宣传部（北京市版权局）正式发布版权链，由证书链、保护链和交易链组成，构成版权产业的可信数字基础设施。这一系列案例表明我国在推动数据信托落地应用、促进数据资产化和流通交易方面做出的努力。

2）知识产权信托。知识产权信托是将知识产权权益管理与信托制度优势相结合的创新模式。从企业融资角度，对科技型企业而言，其是有效的融资途径。权利人借助融资型知识产权信托，在知识产权转移时获取融资所得，后续通过反向授权、租赁、收取许可费等方式筹集资金，用于还本付息，支持技术创新与生产活动；在收益实现方面，权利人设立信托后，受托人对知识产权采取转让、许可、出资等投资策略，将其转化为货币形式，分配给权利人或受益人；在提升交易效率上，信托机构凭借丰富经验、专业水平和广泛信息网络，弥补权利人在市场开拓和商业化运作方面的不足，推动知识产权价值转化；在资产安全保障层面，信托财产的独立性使委托人、受托人和受益人的其他资产债务与知识产权隔离，即便面临破产等困境，信托知识产权也不受影响，为其提供长效稳固保护。

我国知识产权信托实践起步较早。2000 年，武汉市专利管理局、武汉国际信托投资公司率先推出专利信托业务，以专利产权为载体，以信托投资为纽带，结合专利权人、信托投资公司、社会投资者利益，破解专利技术转化难问题。近年来持续创新。② 2022 年，中国外贸信托探索知识产权科创领域金融创新，助力中小微科创企业融资；③ 2023 年，在南京市建邺区人民政府支持下，中国外贸信托受托的"南京鑫欣商业保理有限公司 2023 年度第一期建邺滨江担保知识产权资产支持票据（科创票据）"成功发行，这是江苏省首单

① 李茜. 中航信托发行首单数据资产信托 [EB/OL]. (2016-12-14) [2025-02-27]. http://www.xtxh.net/xtxh/industry/42681.htm.

② 知识产权信托助力科创企业发展 [EB/OL]. (2024-03-05) [2025-02-27]. https://jrj.wuhan.gov.cn/ynzx_57/xwzx/202403/t20240305_2368060.shtml.

③ "知产"变"资产"，中国外贸信托成功发行首单知识产权科创票据 [EB/OL]. (2023-04-14) [2025-02-27]. https://www.fotic.com.cn/fotic/xwzx/gsdt/2024/12/I1316867299365355520.html.

知识产权资产支持票据,也是全国第二单支持民营的知识产权科创票据;① 同年,北方信托与南开大学联合推出天津首单知识产权信托——"北信日新天工开物知识产权服务信托"。②

3)数据知识产权信托。数据知识产权信托是在数据信托与知识产权信托基础上发展而来的新兴模式。它聚焦于数据知识产权这一特殊信托财产,旨在通过信托制度实现对数据知识产权全链条、全周期、跨市场的管理与运营。在保护知识产权安全方面,发挥信托财产独立的制度优势,实现知识产权所有权和收益权的有效分离。在知识产权的权利创造及转化运用阶段,综合运用金融工具拓宽企业融资渠道。同时,信托机构凭借专业金融服务能力,构建多元生态圈,提升知识产权流通效率,促进其商业化价值实现。这一模式在国家推进创新驱动发展战略及知识产权强国战略背景下,对于数据与知识产权的融合发展具有重要意义。

2025 年 1 月,山东国信成功落地山东省内首单数据科技领域知识产权服务信托——"山东信托——微笑数据科技知识产权服务信托"③。其委托人山东微笑数据科技有限公司,作为山东省瞪羚和专精特新企业,业务覆盖大数据全生命周期服务。山东国信深入调研企业需求,经反复打磨,构建了"科技管家+金融顾问+知识产权法律顾问支持"的服务体系。该信托计划以委托人持有的"1 项专利+14 件软件著作权"收益权为核心,涵盖政务处理、智慧城市等多领域科研成果。作为受托人,山东国信凭借信托资产独立、风险隔离等优势,满足委托人对专利收益的管理、分配及监管需求,运用信托工具提供差异化金融服务,实现知识产权全生命周期的妥善管理与价值守护。

(4)其他方式

1)服务。借鉴数据服务的定义,数据知识产权服务是以解决特定技术问

---

① 建邺区市场监管局牵头成功发行全国首单知识产权科创票据双标产品 [EB/OL]. (2023-01-18) [2025-02-27]. https://www.njjy.gov.cn/cszwgk/zdgk/202302/t20230209_3822734.html.

② 闫瑾. 南开大学与北方信托联合发布天津市首单知识产权信托产品 [EB/OL]. (2023-09-09) [2025-02-27]. https://news.nankai.edu.cn/zhxw/system/2023/09/09/030057796.shtml.

③ 张蓓. 山东国信落地省内首单数据科技知识产权服务信托 [EB/OL]. (2025-01-14) [2025-02-27]. https://news.iqilu.com/shandong/kejiaoshehui/20250114/5767787.shtml.

题或改善特定行为效果为目的，向数据知识产权需求者提供以大数据应用为基础的服务。① 从法律关系看，涉及数据知识产权持有者与需求者之间的权利义务分配。

数据知识产权持有者有义务按合同约定完成数据知识产权定制、标注等服务项目，并向需求者交付工作成果，以满足其品牌策划、精准营销、项目风险评估等需求；需求者则应为持有者提供工作条件，并按约享有数据知识产权获取权、使用权、经营权等。关于持有者在提供服务后是否有权保留数据知识产权副本，取决于合同约定；若合同无约定或约定不明，持有者应删除备份或副本。② 例如，一家数据分析公司与一家电商企业签订数据知识产权服务合同，为其提供用户画像分析服务。数据分析公司需根据电商企业的业务需求，对大量用户数据进行清洗、分析和标注，最终形成精准的用户画像报告交付给电商企业。在合同中明确规定，数据分析公司在服务完成后不得留存电商企业的用户数据。

2）出资入股。数据知识产权持有者可以将数据知识产权作价出资入股企业，并按照公司法等规定享有表决、红利分配、参与经营管理等权利，负担按期缴纳出资、追加出资等义务。③ 依据《中华人民共和国公司法》相关规定，股东可以用货币出资，也可以用实物、知识产权、土地使用权等可以用货币估价并可以依法转让的非货币财产作价出资。数据（数据知识产权）作为一种具有经济价值且可被评估、转让的资产，符合非货币财产出资的条件。从经济实质角度而言，数据知识产权出资入股是数据价值在企业运营层面的深度嵌入，通过将数据知识产权转化为企业资本，数据知识产权持有者得以参与企业的经营决策与收益分配过程。

在实际操作中，数据知识产权持有者需先对拟出资的数据进行合理评估定价。这通常需要专业的第三方评估机构，依据数据知识产权的质量、稀缺性、应用场景、潜在价值等多维度因素进行科学评判。例如，一家拥有大量精准用户消费数据的互联网营销公司，计划以其数据知识产权资产入股一家新兴的电商平台企业。在出资前，委托专业数据资产评估机构，对该数据知识产权资产

进行全面评估，确定其市场价值。完成评估后，数据知识产权持有者与企业需签订详尽的出资协议，明确双方的权利义务。协议中需明确数据知识产权的交付方式、交付时间，以及数据知识产权持有者所享有的股权比例、表决权限、红利分配方式等关键条款。同时，按照公司法规定，需办理相应的工商变更登记手续，将数据知识产权持有者登记为公司股东，完成股权的正式确认。此后，数据知识产权持有者便有权依据股权比例，参与企业的重大决策，如公司战略规划制定、管理层选举等，并享有获取红利分配的权利。但同时，也需承担按期缴纳出资、在企业经营状况不佳时可能追加出资等义务。

3）质押融资。数据知识产权持有者可以以数据知识产权作为融资抵押或用益质押的担保财产，其背后的法律依据源于担保物权相关原理。在质押融资这一情境中，数据知识产权充当质押物的角色，为债权人债权的顺利实现筑牢保障防线。于担保存续期间，数据知识产权持有者仍保有对数据知识产权的持有权与使用权，不过其对数据知识产权的经营权会受到一定程度的约束。如此安排，既充分保障了债权人的合法权益，又最大程度降低了对数据持有者日常业务开展的不利影响。从法律风险层面剖析，一旦债务人未能如约履行到期债务，或者满足其他触发担保权实现的条件，债权人便依法享有对质押数据知识产权进行处置的权利，以此达成自身债权的实现。

在实际操作流程中，首先数据知识产权持有者与债权人需签订质押合同，明确质押数据知识产权的范围、担保的债权金额、期限等关键要素。例如，一家科技企业因扩大生产规模需要资金，将其自主研发的数据知识产权质押给银行进行融资。在质押合同中，需要详细规定质押的数据知识产权的范围、担保的债权金额以及融资期限。随后，双方需根据相关法律法规，办理数据知识产权质押登记手续，以确保质押权的公示公信效力。在担保期间，除双方约定以有偿开放数据知识产权使用权限抵扣担保的主债权及利息等特殊情形外，担保权人一般不享有数据知识产权使用权和经营权。若债务人在融资期限内未能按时偿还债务，担保权人可依法将质押的数据知识产权进行拍卖、变卖，并就所得价款优先受偿。在执行过程中，需遵循严格的法律程序，以保障各方的合法权益。

4）证券化。数据知识产权证券化可以借鉴当前知识产权证券化的运营模式，其核心原理是将未来可产生稳定现金流的数据知识产权收益权进行结构化重组，转化为可在金融市场上流通的证券产品。① 从金融法律架构来看，涉及特殊目的机构（Special Purpose Vehicle，SPV）的设立、基础资产的转让、证券的发行与交易等多个环节。特殊目的机构的设立旨在实现数据知识产权与原始权益人的破产隔离，确保证券化资产的独立性与安全性。基础资产的转让需遵循严格的法律规定，确保转让的有效性与合法性。

在实际操作过程中，首先由原始权益人（数据知识产权持有者）将其拥有的数据知识产权未来收益权转让给特殊目的机构。例如，一家拥有热门短视频平台用户数据知识产权的企业，将该数据未来三年的广告收益权转让给专门设立的特殊目的机构。特殊目的机构在获得基础资产后，聘请专业的评级机构对证券化产品进行信用评级，以向投资者展示产品的风险与收益特征。同时，委托承销商负责证券的发行工作，将证券销售给投资者。在证券发行成功后，特殊目的机构负责收集基础资产产生的现金流，并按照证券发行条款向投资者支付本息。整个过程需要严格遵循金融监管部门的相关规定，确保信息披露的真实性、准确性与完整性，保障投资者的合法权益。此外，还需建立完善的风险预警与处置机制，以应对可能出现的基础资产现金流不稳定、市场波动等风险因素。2024 年 11 月，深圳首笔数据知识产权参与证券化融资产品成功发行，标志着深圳在知识产权证券化方面探索出了新的实施路径，并为全国其他城市提供了宝贵的经验和示范②。

---

① 推进知识产权证券化，激发知识产权融资新活力 [EB/OL]. (2024-03-19) [2025-02-27]. https://www.cnipa.gov.cn/art/2024/3/19/art_3357_191073.html.

② "知产"变"资产"！深圳首笔数据知识产权参与证券化产品发行 [EB/OL]. (2024-11-29) [2025-02-27]. https://www.sist.org.cn/xwzx/yndt/202411/t20241129_2509923.html.

第 7 章

国内各省市数据知识产权试点实践成果

7.1 国家层面数据知识产权工作的部署与演变

7.1.1 萌芽奠基期：国家知识产权局探索开展数据知识产权工作

国家知识产权局于传统领域知识产权工作持续深化之外，及时洞察到数字经济时代新兴领域的知识产权需求，开展前瞻布局，制定了数据知识产权试点的政策框架，引导地方结合自身条件大胆探索创新，力图在不设置过多限制条件的前提下，通过各地的实践，摸索出一条构建数据知识产权基本制度和登记规则的路径。

1. 从"数据知识产权保护"到"数据知识产权"

数据知识产权保护试点阶段。2021 年 9 月，党中央、国务院先后印发《知识产权强国建设纲要（2021—2035 年）》《"十四五"国家知识产权保护和运用规划》，对数据知识产权工作分别作了部署。其中，在"十四五"规划中设"数据知识产权保护工程"专栏，要求重点构建数据知识产权保护规则，促进数据合理流动、有效保护、充分利用。

随后，国家知识产权局在浙江、上海和深圳三个地方先期开展数据知识产权保护试点，具体任务是：研究数据知识产权保护方式方法，研究制定数据知识产权保护的规则，开展数据知识产权保护试点。

数据知识产权试点阶段。2022 年 9 月，国家知识产权局正式部署开展第一批地方试点工作。这一阶段的主要任务是：研究构建数据知识产权规则，探索数据知识产权登记方式，稳妥推进保护数据知识产权，促进数据知识产权流通使用。

2023 年 12 月，国家知识产权局部署开展第二批地方试点工作。这一阶段的主要任务是：完善数据知识产权登记工作，加强数据知识产权保护运用，强化知识产权研究交流。

2. 国家知识产权局试点工作思路演变的特征

纵观 2021 年到 2023 年的部署，可以清晰地看到国家知识产权局数据知识产权试点工作思路和重点有了明显的转变，主要体现在：从注重数据知识产权保护到注重数据要素的流通运用；从注重数据知识产权制度探索到注重开展登记工作实践；从原则理念性的粗线条部署到具有明确任务的工作安排。

3. 工作思路演变的逻辑分析

国家对数据要素发展利用的部署。党中央、国务院出台"数据二十条"，明确了构建数据要素基础制度要"以促进数据合规高效流通使用、赋能实体经济为主线"。国家数据局 2023 年年底发布《"数据要素×"三年行动计划（2024—2026 年）》，促进数据要素高效合规地开放、共享、交易，充分激发数据要素的活力，释放数据要素价值，赋能新质生产力培育。2023 年 8 月，财政部印发《企业数据资源相关会计处理暂行规定》，部署启动数据资产入表。

从以上政策可见，我国正在探索建立一个数据要素全国大市场，一个安全、高效、有序的数据流通体系和一个数据要素价值化体系，国家知识产权局也在立足知识产权职能，着力参与到全国数据要素统一大市场构建这一进程中来。

对数据知识产权工作的重新定位。数据是新质生产力的典型代表，其作用的发挥，主要是通过作为生产要素参与社会化大生产，提高全要素生产率；

通过多场景应用、多主体复用，创造多样化的价值增量；通过多元数据融合，催生新业态新模式，引发经济产出的倍增效应。要促进新质生产力发展，仅有较为原始形态的数据集合是不够的，需要引导对数据进行加工创造，形成更高级的形态，投入到流通生产中，方可促进新价值的产生。

在经过一个时期的理论和实践探索后，国家知识产权局认识到，在数字经济自由迅猛发展的初期，发展变化快、创新快，此时一味强调保护，可能会限制数据的流通和运用，遂将工作重点放在看得清的部分，即通过登记尝试进行数据的初步确权；对尚未达成共识的部分即数据保护，继续探索推进。

知识产权工作语境的变化发展。2021 年，党中央、国务院出台了《关于强化知识产权保护的意见》（以下简称《意见》），"保护"是当时一段时间知识产权工作的主基调。国家知识产权局于当年开始谋划数据知识产权试点工作，思路与《意见》保持一致，重心放在"保护"上，体现了对国家整体部署的贯彻落实。

2018 年的机构改革，将知识产权局调整为市场监管局的二级局，将执法保护提到了前所未有的高度。在这样的语境下，数据试点工作的启动也主要立足于"保护"。近几年，随着对知识产权制度作用的重新审视、新一轮机构改革的推进，知识产权的工作定位重新回到"激励创新"上来，重心转向"转化运用"，数据知识产权工作也随之跳出了仅强调"保护"的色彩。

4. 对地方试点工作的总结与反思

法律制度创新存在滞后性，在数据知识产权领域尤为明显。随着信息技术的迅猛发展，数据的产生、存储、使用和流转方式日新月异，新的数据应用场景和商业模式不断涌现。但法律制度的制定和修订需要经过复杂的程序，从立法调研、草案起草、征求意见，到最终审议通过，往往耗费较长时间，导致在新的数据问题出现后，法律无法及时作出回应，出现法律空白或模糊地带。

在数据知识产权试点工作开展之后，具备立法条件的地方，在立法态度上普遍表现得较为审慎。主要因为数据知识产权的权利属性、保护范围、侵权认定标准等诸多方面在理论和实践中都尚未形成统一的定论。在没有充分的理论研究和实践经验作为支撑的情况下，贸然立法可能会导致法律的不完善。同时，由于缺乏上位法依据，多地在出台规范性文件时遭遇重重阻碍。上位法是下位法的立法基础和依据，没有上位法的明确指引，地方在制定规范性文件时就缺乏方向和标准，难以确定文件的内容和效力范围，担心出台的文件与未来的上位法相冲突，从而陷入被动局面。

数据知识产权登记以公共服务的形式稳步推进，与立法和行政管理有着显著的区别。立法是对社会利益关系的一种权威性分配，行政管理则是运用行政权力对社会事务进行直接干预，两者在实施过程中都可能对社会利益结构产生较为剧烈的影响。而登记则不同，其是在充分尊重市场逻辑的基础上，以一种引导性的外在力量发挥作用。通过登记，一方面可以明确数据的权益关系，减少数据交易过程中的纠纷，降低交易成本；另一方面，能够为数据的流通和利用提供可信赖的基础信息，促进数据市场的有序发展，从而加速数据领域合理秩序的形成。

7.1.2 体系构建期：国家数据局统筹布局数据发展工作

伴随数字经济蓬勃兴起，国家数据局应运而生，成为数据知识产权建设关键引擎。整合分散数据资源管理职能，重塑管理架构，多部门协同发力，与工信、司法、科研部门携手，全方位构建制度体系。

1. 国家数据局的主要职能

2023 年 10 月 25 日，国家数据局正式揭牌，由国家发展和改革委员会管理，主要职责是负责协调推进数据基础制度建设，统筹数据资源整合共享和开发利用，统筹推进数字中国、数字经济、数字社会规划和建设等。

2. 国家数据局开展的主要工作

国家数据局成立后，以数据要素市场化配置改革为主线，持续完善数据要素市场制度和规则，培育全国一体化数据市场，促进数据要素开放利用。主要推进的工作有：

建立健全数据基础制度。坚持以制度建设为主线，加强顶层设计、总体谋划，抓好数据产权、流通交易、收益分配、安全治理等政策制定，加快构建适应数据要素特征、符合市场规律、契合发展需要的基础制度。

推进数据基础设施建设。加快全国一体化算力网、数据基础设施等建设。就像建设食品冷链一样，建设数据流通的相应基础设施，支持地方开展试点探索，打造数据"冷链"。

破除数据开发利用的瓶颈制约。聚焦解决供数、用数中的合规顾虑，持续探索公共数据、企业数据开发利用新路径，着力推进"数据要素×"行动，挖掘和释放数据要素价值。

做强做大数据产业。推动发挥市场机制作用，培育壮大数据企业，完善数据流通交易服务生态，打造竞争有序、繁荣活跃的数据产业。

加强数字经济国际合作。务实开展互惠互利的数字经济合作，加强合作平台建设，积极参与数据治理规则制定，建立更高水平开放型经济新体制。

3. 国家数据局出台的数据基础制度文件

国家数据局成立后，将推进数据基础制度建设列为重点工作，研究起草数据产权、流通交易、收益分配、安全治理等政策文件，旨在建立健全数据基础制度体系，创造有利于数据"供得出、流得动、用得好、保安全"的制度体系，不断增强数据要素市场化配置改革的系统性、整体性和协同性。

截至 2025 年 1 月，国家数据局计划出台的数据产权、数据流通、收益分配、安全治理、公共数据开发利用、企业数据开发利用、数字经济高质量发展、数据基础设施建设指引等制度文件，除数据产权和收益分配两方面，其他均已正式出台。

《"数据要素×"三年行动计划（2024—2026 年）》。以推动数据要素高水平应用为主线，以推进数据要素协同优化、复用增效、融合创新作用发挥为重点，强化场景需求牵引，带动数据要素高质量供给、合规高效流通，培育新产业、新模式、新动能，充分实现数据要素价值。（2023 年 12 月 31 日，国家数据局等部门，国数政策〔2023〕11 号）

《关于促进企业数据资源开发利用的意见》。加强企业数据资源开发利用，充分释放企业数据资源价值，构建以数据为关键要素的数字经济。（2024 年 12 月 20 日，国家数据局等部门，国数资源〔2024〕125 号）

《国家数据基础设施建设指引》。力争明确数据基础设施的概念、发展愿景和建设目标，指导推进数据基础设施建设，推动形成横向联通、纵向贯通、协调有力的国家数据基础设施基本格局，打通数据流通动脉，畅通数据资源循环，促进数据应用开发，培育全国一体化数据市场，夯实数字经济发展基础，为数字中国建设提供有力支撑。（2024 年 12 月 31 日，国家发展改革委、国家数据局、工业和信息化部，发改数据〔2024〕1853 号）

《关于完善数据流通安全治理　更好促进数据要素市场化价值化的实施方案》。更好统筹发展和安全，建立健全数据流通安全治理机制，提升数据安全治理能力，促进数据要素合规高效流通利用，释放数据价值。（2025 年 1 月 6 日，国家发展改革委等部门，发改数据〔2025〕18 号）

《公共数据资源授权运营实施规范（试行）》。加强数据基础制度建设，规范公共数据资源授权运营，促进一体化数据市场培育，释放数据要素价值。（2025 年 1 月 8 日，国家发展改革委、国家数据局，发改数据规〔2025〕27 号）

4. 国家数据局推进数据基础制度建设的主要特点

注重解决实践难题，提供具体明确可落地的规则指引。针对社会各界对数据产权归属认定的期待，面向全国广泛征集数据产权领域的痛点难点问题，深入研究、问计基层，细化数据持有权、使用权、经营权，为数据的供给、流通、使用提供制度保障。注重逐一研究具体应对举措，旨在为各方确认自身权利提供具体明确、操作性强的产权配置方案。

坚持促进流通使用，助力培育新质生产力和促进高质量发展。当前，各方普遍认为，数据要素市场还处于"做大蛋糕"阶段，数据流通交易的规模、效率、规则均有待提升。从培育全国一体化数据市场出发，要着力构建数据流通交易体系，确定数据流通交易发展的目标等。从收益分配制度建设方面，更聚焦激励机制建设，发挥价格形成机制作用，充分调动各方的积极性、主动性、创造性。

加强试点探索，确保政策制度来源于实践又能有效指导实践。数据领域发展变化快，创新快，政策制度往往滞后于实践，为此，国家数据局将对看得清的明确部署，对尚未形成共识的以试点形式探索推进。并在总结试点探索、行业实践基础上，固化形成制度。

坚持守好安全底线，坚决维护国家安全，保护个人信息和商业秘密。更好统筹发展和安全，探索新型安全治理机制，将安全贯穿数据供给、流通、使用全过程。

7.1.3　深化融合期：数据产权登记的主要模式

深化阶段，在国家数据局和国家知识产权局的政策推动下，各地开展了形式多样的数据产权登记探索，这个过程中形成了数据资产登记的若干种模式，包括数据知识产权登记、数据资产登记、数据产品登记、数据资源公证、数据要素综合登记等。随着实践的深入，数据知识产权登记和数据资产登记两种模式逐渐成为主流，其差异也逐渐清晰起来。

1. 数据产权登记的背景与意义

"数据二十条"构筑起中国数据基础制度的"四梁八柱"。具体而言，"数据二十条"从数据产权、流通交易、收益分配、安全治理等方面构建数据基础制度，并提出 20 条政策举措。其中，第 3 条提出"探索数据产权结构性分置制度，建立公共数据、企业数据、个人数据的分类分级确权授权制度"，第 15 条提出"建立健全数据要素登记及披露机制"。此外，为加快数据的流动，充分发挥数据的价值，"数据二十条"创造性地提出了"数据资源持有权""数据加工使用权""数据产品经营权"三项权能，为今后数据产权立法提供重要参考。

鉴于数据具有可复制性、非排他性、非竞争性、非耗竭性和数据主体多元性，如果不对数据产权进行登记则很难保护相关主体的数据权益。数据产权登记对调动数据生产积极性、促进数据流通、降低数据流通成本和法律风险等方面都有重要意义。

第一，可以明确数据的产权主体，即谁享有数据权益，披露数据权益的详细信息，从而有助于市场参与者作出更加明智的决策，降低投资风险。

第二，通过明确数据产权登记的标准和程序，可以防止企业虚增数据资产，维护数据产权认定的准确性和公正性。

第三，通过数据产权登记，可以追溯数据的来源和流转过程，有效打击非法交易和投机行为，从而有助于维护数据交易市场的秩序和稳定，防止数据资产泡沫的产生。

2. 数据产权登记的主要模式与登记机构

我国法律没有明确规定数据产权的权利类型、内容和效力，仅凭借"数据二十条"或一些地方政府的政策性文件无法有效构建完备的数据产权登记制度。当前依据《网络安全法》《数据安全法》《个人信息保护法》《反不正当竞争法》《民法典》等相关法律法规，各地开始了数据产权登记制度的先行实践，目前较为常见的数据产权登记模式主要有五种：数据知识产权登记、数据资产登记、数据产品登记、数据资源公证、数据要素综合登记。

数据知识产权登记。数据知识产权登记系依托知识产权保护制度，对数据进行产权登记。国家知识产权局在 17 个省市部署开展数据知识产权试点，无异于从政府层面为数据产权登记引入了一种官方的认定路径。目前，17 个省市均已开展数据知识产权登记。数据知识产权登记对象的定义在各地出台的登记管理办法中有不同的表述，但大都涵盖了依法获得、经加工处理、具有实用价值三个特点。数据知识产权登记主要适用于具有创新性、实用性等特点的数据，通过知识产权局等相关部门进行登记，赋予数据以法律意义上的权利保护。

数据资产登记。数据资产登记适用于数据资产化、资本化需求较强的场景，其优点在于操作相对便捷，有助于促进数据资产的流通。然而，由于缺乏中央统一的立法，通过地方立法确立的数据资产登记制度缺乏统一的标准，数据资产登记的法律效力存在差异。

数据产品登记。数据产品登记是以数据产品为对象进行产权登记的方式，通常由数据交易所或类似机构负责。此方法适用于数据产品交易需求较强的场景，可以提高数据产品的透明度，促进数据交易。然而，目前数据产品的定义尚不清晰，仅对数据产品进行产权登记不足以保护其他数据产权人享有的合法权益，后续在监管方面也存在一定的挑战。

数据资源公证。数据资源公证是指通过公证的方式对数据资源进行产权认定，公证机构对数据资源的真实性和合法性进行验证，并出具公证证明。例如，江西省司法厅立足全省数据发展现状，指导赣江公证处打造全国首创的省级数据资源公证平台，依托公证法律服务资源构建数据产权法治化、智能化、智慧化运行管理机制。此种方式适用于数据产权认定需求迫切但缺乏专业知识的场景，其优势在于具有公信力，能够降低数据产权认定和流通的成本；然而，公证的费用相对较高，时间周期较长，可能影响数据资源的及时利用。

数据要素综合登记。数据要素综合登记是以数据要素为对象进行综合登记的方法。例如，2023 年 7 月，由人民网·人民数据管理（北京）有限公司针对数据要素市场打造的"数据资源持有权证书""数据加工使用权证书""数据产品经营权证书"（三证）正式面向全国发放。此路径旨在实现数据要素的全生命周期管理，适用于数据要素市场化流通需求较强的场景。其优势在于能够全面管理数据要素的各个方面；然而，目前该登记制度体系尚不完善，需要进一步的探索和实践。

3. 数据资产登记与数据知识产权登记的差异

赋权客体与保护路径。数据资产登记主要关注数据资源的持有状态和市场价值，其赋权客体是数据资源本身。而数据知识产权登记则侧重于保护数据处理者对其数据集合的智力成果和商业价值，其赋权客体是数据处理者的创新成果。因此，在保护路径上，数据资产登记更多地依赖于物权法的相关规定，而数据知识产权登记则更多地依赖于知识产权法的相关规定。

登记对象与范围。数据资产登记的对象是广泛的数据资源，包括结构化和非结构化数据。这些数据可以是企业内部生成的数据，也可以是外部获取的数据。而数据知识产权登记的对象则是具有商业价值、智力成果属性以及非公性质的数据集合。这些数据集合通常经过一定的处理、加工和开发，形成具有独特价值的数据产品。因此，在登记范围上，数据知识产权登记更加严格和具体。

登记审查与效力。数据资产登记的审查通常较为宽松，主要进行形式审查，确认数据资源的权属关系和市场价值。而数据知识产权登记的审查则更加严格，需确认数据集合的独创性的智力成果属性和商业价值。在效力上，数据知识产权登记证书具有更强的法律效力，可以作为司法裁判中具有初步效力的证据和数据交易确权的初步依据。

金融属性与风险防范。数据资产登记主要关注数据资源的持有状态和市场价值，其金融属性相对较弱。数据资产持有证书一般不能单独用来质押、融资、贷款等金融活动，若想拉动金融创新的后续价值板块，往往需要完成数据资产入表或数据产品上架/登记并进行交易等资产化动作。而数据知识产权登记则具有较强的金融属性，经过评估后的数据知识产权可以作为质押、融资、贷款等金融活动的有效资产。数据知识产权的金融化不仅有助于数据处理者获得资金支持，推动数据产品的进一步开发和市场应用，还能增强数据市场的活跃度和创新力。

法律基础与制度保障。数据资产登记和数据知识产权登记在法律基础和制度保障上也存在差异。数据资产登记的法律基础主要依赖于《民法典》物权编、合同编等相关法律，主要关注数据的物理存储、占有、使用、收益和处分等物权关系；但数据产权制度尚未健全，数据权属暂且为由上位法实现最终定论，数据确权的难点仍需要结合业务场景与数据合规，在实务中予以定制化解决。而数据知识产权登记的法律基础则更加复杂，融合了知识产权法、反不正当竞争法、商业秘密保护等多个法律领域。数据知识产权登记不仅保护数据处理者的创新成果，还涉及数据的商业秘密、技术秘密以及数据处理的独特方法等，需要在法律层面进行细致的规定和保障。在制度保障方面，数据资产登记和数据知识产权登记都需要完善的登记制度和监管机制。然而，由于两者的法律基础和保护对象不同，其制度保障的具体内容和方式也存在差异。数据资产登记制度需要关注数据的流通性、安全性和可交易性，建立健全的数据资产评估、交易和监管体系。而数据知识产权登记制度则需要关注数据的创新性、独特性和商业价值，建立科学的评估标准、严格的审查程序和有效的保护机制。

7.2 数据知识产权登记的两种代表性模式

随着数据知识产权试点的深入推进，各省市做法之间的共性和差异也逐步明晰。通过分析归纳，大致可以总结为两种模式：一种是数据或数据集合模式，以浙江为代表；另一种是数据产品模式，以上海为代表。

7.2.1 数据或数据集合模式

这一模式的试点地方有一些共同做法：登记机关是省（市）知识产权局下属事业单位；登记对象是数据或数据集合；登记申请前要进行存证或者公证；开展形式审查；注重登记数量快速增长；注重数据知识产权质押融资金额增长。

代表性地方为浙江省，主要做法有：

作为全国首批数据知识产权改革国家试点，浙江在全国率先启动数据知识产权改革，蹚出了一条保护数据权益、促进数据流通、实现数据价值、激活数据潜能的"浙江路径"。2023年4月至2024年12月底，浙江省已受理数据知识产权登记申请3.64万件，发证1.69万件，覆盖23个省（区、市）、83个行业大类、2.08万亿条数据，累计实现运用金额67.39亿元。

规划引领与体系架构。浙江省委、省政府连续两年将"深化数据知识产权改革"写入数字经济创新提质"一号发展工程"等重点任务，列入"习近平总书记点题的七个重点领域改革项目"，纳入《省委十五届五次全会〈实施意见〉改革项目清单》，写入省政府"十项重大工程"标志性改革措施、"315"科创体系建设、产业数据价值化改革、自贸区制度型开放、数商高质量发展等重大政策。省委书记主持召开省委全面深化改革委员会第十一次会议，专题研究部署数据知识产权改革工作。省政府将数据知识产权专项文件列入"8+4"经济政策体系，出台全国首个省级政府层面专项规范性政策文件，纳入浙江自由贸易试验区，高位谋划、持续推进。

改革创新与制度保障。浙江省加强顶层设计，完善制度体系，坚持法治化推进，初步构建形成以2部地方性法规为基础、2个省级配套行政规范性文件为关键保障、N项配套政策和标准为有效支撑的数据知识产权制度"四梁八柱"。2022年，浙江颁布实施《浙江省知识产权保护和促进条例》，对数据知识产权定义内涵、登记制度、证书效力作出专门规定。2023年，11个省级部门联合制定出台经省人大备案的规范性文件《浙江省数据知识产权登记办法（试行）》。2024年，浙江又在颁布出台的《浙江省优化营商环境条例》中设立数据知识产权专条，进一步明确数据知识产权权益属性，赋予数据知识产权登记证书作为持有数据的初步证明和流通交易、收益分配、权益保护的初步凭证法律效力。省政府办公厅出台《关于深化数据知识产权改革推动高质量发展的意见》，进一步完善数据知识产权改革整体设计，22 个省级部门协同深化数据知识产权改革。

生态涵养与价值跃升。浙江省构建运营枢纽，建立"运营意向精准推送、服务资源即时对接、转化通道个性定制"的运营服务机制，拓展运用通道。突出以数据价值实现增强改革的生命力和影响力，建设上线数据知识产权一体化服务平台"数知通"，打通省内所有数据、知识产权交易平台和上海、深圳数据交易所等全国头部数据交易平台。协同省数据局推进数据要素市场化配置改革，推进公共数据授权运营中的数据知识产权登记、运用和保护 233 件。会同省经济和信息化厅一体推进数据知识产权和产业数据价值化改革，联合印发产品主数据标准（CPMS）试点建设指南，将数据知识产权服务作为浙江数商能力评价指标。联合国家金融监督管理总局浙江监管局推出"数据知识产权贷"专项金融产品，工农中建和 11 家地方商业银行参与，"数知通"平台与"浙里金融"平台直连贯通。会同省财政厅构建数据知识产权与数据资产全过程管理整体协同机制，联合指导出台数据资产入表相关标准 2 项。联合省商务厅等 9 部门印发推动浙江自贸试验区制度型开放若干意见，加强数据跨境流通中的数据知识产权制度运用。截至 2024 年年底，"数知通"平台累计注册登记用户 1918 个，入驻机构 128 家，发布运营服务产品 158 个，推送运营意向信息 5511 件，实现运营交易 155 笔。

风险防控与综合治理。浙江省建立数据知识产权全过程协同保护机制，实施数据知识产权登记运用全流程上链，强化存证公证、登记服务、交易使用等行为固证。与省委网信办、省商务厅开展自贸区数据知识产权跨境流通创新试点。推进数据知识产权登记证书在行政执法、司法中的应用，与省法院、省检察院、省公安厅协同联动，登记平台、"数知通"与"法护知产"、"知产检察 e 站"直联打通，实现数据知识产权登记信息在线调用、证据互认、信息共享。与省公安厅联合设立数据知识产权保护警企合作基地 2 家，与省检察院联合印发《数据知识产权实务指引》，靠前指导企业保护数据权益。依托"中国数谷""中国（温州）数安港"两个重大数据产业平台，率先建设省级数据知识产权生态试验区。提升企业数据知识产权保护意识，累计举办培训等活动 100 多场，培训企业 1 万多家次，联合 21 个省（区、市）知识产权部门加强数据知识产权交流合作，培育专业市场服务机构近 200 家。

7.2.2　数据产品模式

作为这一模式的代表性且唯一实施地方，上海试点工作中的做法主要是：由行政机关上海市知识产权局登记发证；登记对象是数据产品，兼顾数据加工集合和数据技术算法；登记申请前不设前置程序，不需要进行存证或者公证；开展实质性审查；注重数据产品质量；注重数据产品流通交易兼顾金融创新。上海市试点工作的主要特色如下：

知识产权局与数据局联合发文。作为目前全国试点省市中层级最高的"规范性文件"，也是 17 个数据知识产权试点地方唯一一份经省级政府常务会议审议同意的文件。同时，《上海市数据产品知识产权登记存证暂行办法》也是国内首次明确了数据管理部门与知识产权部门的分工，明确由市知识产权局开展数据知识产权登记审查工作。

以知识产权局名义颁发登记证书。上海的暂行办法中明确由市知识产权局开展数据产品知识产权登记审查工作，上海也是唯一以行政机关上海市知识产权局名义颁发登记证书的地方。

对知识产权属性开展实质性审查。上海主要审查数据产品是否存在"实质性加工"和"创新性劳动"，落脚点在是否有知识产权属性，是否属于智力成果。为了确保实质性审查的质量，上海组建了国内首支由 96 人组成的数据产品知识产权审查员队伍，包括 20 名基础审查员、20 名审查指导员和 56 名审查指导专家。依托国家知识产权局专利局专利审查协作江苏中心的专业优势，探索建立了"央地协作"的数据产品知识产权审查模式。

将登记对象聚焦于数据加工产品。上海登记试点的重点放在对原始数据资源加工后所形成的产品和服务上，聚焦数据加工产品，兼顾数据加工集合、数据技术算法。尤其是对数据技术算法开展登记，是国内首家也是唯一的一家。

不设置存证公证等前置条件。上海坚持优化营商环境，提高市场主体的感受度，最大限度地降低登记申请的门槛，所以在试点申请中没有设任何前置条件，申请获准登记后数据产品信息在上海市数据存证中心知识产权分中心存证和上链，实现全程免费。

打通登记流通链。登记不是目的，促进数据流通交易才是根本。上海试点登记在申请表中有是否选择交易流通的选项，凡是选择交易流通的，基本信息会传送给上海数据交易所等具有知识产权交易资质的平台，平台会在一周内与申请主体联系提供交易流通服务。

上海的登记办法于 2024 年 12 月 8 日生效实施，截至 2025 年 2 月底，上海共受理数据产品知识产权登记申请 318 件，发证 249 件。其中 135 件登记产品在上海数据交易所实现了挂牌交易，交易额突破 1.5 亿元。首单 1 亿元的质押贷款已经落地。

上海为数据知识产权试点工作做出的贡献主要包括以下几点：

1. 确立登记的是"数据产品"，得到市场认可

国家知识产权局在所有关于数据知识产权试点的文件中，对登记的数据均表述为"数据集合"，但这个概念并未得到业界认可，甚至在国家数据局公布的《数据领域常用名词解释（第一批）》40 个名词、《数据领域常用名词解释（第二批）》20 个名词，共 60 个名词中并无"数据集合"的名词。只在"数据资源"名词中有所提及。数据资源是指具有价值创造潜力的数据的总称，通常指以电子化形式记录和保存、可机器读取、可供社会化再利用的数据集合。

17 个试点省市中，只有上海坚持对登记的数据聚集于"数据产品"上，经国家知识产权局试点工作主管部门同意，由上海市知识产权局联合上海市数据局印发的规范性文件名称为《上海市数据产品知识产权登记存证暂行办法》，而且在发放全国统一编号的登记证书中，与其他地方"数据知识产权登记证书"不同的是，上海颁发的是"数据（产品）知识产权登记证书"。该选择在登记实践中也得到了市场验证，登记申请以数据加工产品为主，占 70%，数据技术算法占 18%，数据加工集合只占 12%。

登记的目的在于流通运用，数据集合一般理解为原始数据，从国家数据局的名词解释中也得到印证，其流通性不强，且是否存在知识产权在理论界有极大的争议。

上海选择"数据产品"而非"数据集合"，主要基于以下考虑：第一，数据产品更具知识产权属性。数据集合可以只是数据的简单汇聚，而数据产品则更强调对数据的加工处理和价值提升，其在对原始数据进行挖掘、分析和加工的过程中，融入了大量实质性加工和创新性劳动的智力成果。第二，数据产品更适合流通交易。数据产品有清晰的结构、标准的数据格式，以及明确的应用场景，交易各方能够迅速理解其价值和用途，降低了交易沟通成本。第三，数据产品更易释放数据价值。对于同一个数据集合，采用不同的数据技术算法，能够产生不同的数据产品。对于充分释放数据价值而言，数据产品登记能够更加有效地盘活相关数据资源，最大限度发掘数据金矿。

2. 坚持对"知识产权属性"开展实质性审查，避免争议

目前已有 16 个试点省市出台了数据知识产权登记管理办法/规则/服务指引等相关文件，文件中均未对数据知识产权登记提出实质性审查，其中，12 份文件中明确提到，由登记机构或登记平台对数据知识产权登记申请事项进行"形式审查"。山东、江苏、贵州未提及审查方式。在新闻媒体报道中，山东省创新了数据知识产权审核程序，探索了"初审+复审""形式审查+实质审查"的审查流程，建立了数据知识产权实质审查规则和实质审查队伍，对数据来源合法合规性及数据产品智力成果属性、实用属性进行实质审查。

上海在登记办法出台之前，建立了国内首支由 96 人组成的数据产品知识产权专业化审查队伍，包括 20 名基础审查员、20 名审查指导员和 56 名审查指导专家。上海明确在形式审查的基础上，对登记的数据产品开展"知识产权属性"的实质性审查，即审查是否存在"实质性加工和创新性劳动"，是否属于智力成果。在实践中明确了"五审两核"的审查流程，即人工智能一审，包括查重和数据有效性测试；基础审查员二审，对申请的数据产品开展形式审查；基础审查员三审，对申请的数据产品开展"知识产权属性"的实质性审查；审查指导员四审，即复审；审查指导专家五审，遇到比较集中的审查问题，召集专家合议审查。两核，即试点工作专班的逐一审核和局分管领导的抽查审核。

开展实质性审查，最大的优点是确保登记的数据产品具有"知识产权属性"，避免了理论界对数据知识产权的质疑。同时，可以提高登记数据产品的

质量，避免与"非正常专利申请"类似的"非正常数据申请"。按照数据管理职能，数据产权登记的主管单位为国家数据局。其在发布的第二批名词解释中有明确的表述，数据产权登记，是指数据产权登记机构按照统一的规则对数据的来源、描述、合规等情况进行审核并记载，并出具登记凭证的行为。而数据知识产权，只能是数据产权中有"知识产权属性"的一部分，业界认为只有加工过的数据才有可能具有知识产权，而且只经简单加工的数据产品并不具有创新性，也不属于智力成果。如果不对"知识产权属性"开展实质性审查，数据知识产权登记就缺乏了权威性。

3. 坚持严格把关，注重登记质量和运用

数据知识产权登记应该是"阳春白雪"还是"下里巴人"一直是试点单位争议的焦点。其实所谓的"阳春白雪"还是"下里巴人"，实质是登记是重量还是重质之争。数据知识产权登记的目的还是在于促进数据的流通和运用，推动数字经济产业的发展。坚持"阳春白雪"的上海、北京等试点地方，登记的标准比较高，以登记本省市高科技企业、数据企业的重点数据产品为主，后续流通运用率就高。比如北京登记了京东、百度的数据产品；上海登记了证券交易所的"沪深300指数"，交通运输部东海航海保障中心上海海图中心的我国沿海民用海图数据产品；淘宝的核心数据，即淘宝生意参谋电商版数据；以及抖音、大智慧、饿了么、知网等知名平台的数据产品。

而在有的试点地方，为增加登记的数量，要求企业将数据产品进行拆分，比如把一个销售平台的数据拆分为男装、女装、内衣、外套、长袜、短袜等800多个类别进行登记。甚至有的地方为某教育培训机构登记了70多个电话咨询"数据知识产权"，全国各地的电话咨询中，有许多地方设置一个电话咨询就登记一个"知识产权"，饱受业界诟病。

4. 坚持优化营商环境，不设立存证、公证前置环节

在17个试点地方中，有15个省市把申请登记的数据先存证、公证作为先决条件。而且绝大部分试点地方均将存证放在指定的市场化数据公司，一般均收取存证费用，每个数据产品存证费用在1000~3000元，公证的费用更是以数据产品的价值按比例收取，堪称天价。同时，指定某些公司可以存证，不但涉

及垄断容易引发行政诉讼，更存在数据泄露的风险。

上海没有任何存证、公证等前置条件，申请主体在申请登记时自行将数据产品信息加密上传，通过人工智能系统审查数据有效性，获准登记后将产品信息上传到官方"上海市数据存证中心知识产权分中心"进行存证和上区块链，实现全程免费。

7.3 国内其他试点省市数据知识产权工作亮点及不足

7.3.1　亮点聚焦[①]

1. 北京：积极打造试点工作样板

2022 年 11 月，北京获批国家知识产权局数据知识产权试点地方。截至 2024 年 11 月 30 日，北京市数据知识产权登记平台共接收京东、百度等 89 个申请人的 314 项登记申请，197 项获得登记证书，跨区域、科技数据均有登记实例。

北京市知识产权局建立一体化数据知识产权权益保护机制，共同研讨数据知识产权工作，探索相应保护路径。与北京互联网法院、北京国际大数据交易所签署数据知识产权合作框架协议，完成数据知识产权登记系统与北京互联网法院"天平链"、北京国际大数据交易所"北数链"的贯通，就开展数据知识产权登记试点工作实现互认互信。

目前，北京市已全面完成规则制定、登记实践、保护案例、交易使用、数据资产入表等全链条试点任务，形成了可复制、可推广的典型案例，打造了数据知识产权试点工作北京模式。

---

① 参见赵瑞科、王建：《京津冀开展数据知识产权工作交流活动，有何亮点？》，中国知识产权报公众号，2025-01-01。

2. 天津：加强数据保护与运用

天津市积极推进数据知识产权地方试点工作，通过完善制度框架、搭建服务平台、创新金融服务等举措，有效推动了数据知识产权的保护与运用，为数字经济的高质量发展注入了新动能。天津建设数据知识产权一体化综合服务平台，实现从申请提交、审核登记到后续查询的"一站式"无缝衔接，截至 2024 年 11 月 30 日，累计发放数据知识产权登记证书 166 张。

为加大数据知识产权保护力度，天津开展数据存证与保密业务，"津证云"电子数据存证平台先期上线运转，该平台充分运用区块链技术提供取证存证服务，填补了天津电子数据存证平台建设领域的空白。此外，强化行政执法与司法保护合作，天津市知识产权局与法院、公安以及其他部门紧密合作，共同构建更加完善的协作机制；积极推动数据知识产权快速维权与宣传，积极开展线上线下相结合的数据知识产权宣传活动，累计开展数据知识产权宣传活动 6 次，培训人员 300 余人次。

3. 江苏：探索数据知识产权质押融资

江苏省始终坚持"以质为本，以效为要"的理念，围绕数据知识产权基础制度构建、登记审查、运用和保护开展积极探索，率先探索数据知识产权专门立法，率先开展登记审慎审查，率先引入公证提升登记效力，率先与司法部门开展协同保护，各方面取得了积极成效。

江苏省知识产权局还与中国银行江苏省分行以"知识产权金融支持江苏高质量发展"为主题签署战略合作协议，将数据知识产权质押融资作为新的支持方向。

4. 河北：统筹推进试点工作

河北省市场监督管理局（知识产权局）成立数据知识产权试点工作领导小组，组建专班、调配资金、搭建系统、立体宣传，统筹推进各项试点工作，形成了"理论先研、风险先控、宣传先行、服务先至"的"四先"河北特色。截至 2024 年年底，登记工作已在全省推开，累计审核通过登记申请 300 余件。

试点工作推进过程中，河北省结合人工智能发展现状，要求拟登记的数据集合在进行算法加工时，不得完全采用 AI 技术，并探索数据合规审查方式，登记系统中嵌入离线数据抽查工具，实现登记数据"可用不可见"，保障数据安全。同时，河北省采取"线上+线下""传统+新兴"方式，开展立体宣传，组织全省 500 家企业面对面宣贯，举办全省首批数据知识产权证书颁发仪式暨线上培训，点击率超 110 万次，营造了"重视数据、挖掘数据、用好数据"的良好氛围。

5. 山西：部门联动形成合力

自山西省获批数据知识产权试点以来，山西省市场监督管理局（知识产权局）等部门明确工作任务、时限和责任单位，坚持边思考、边探索、边实践，试点工作任务有序推进。2024 年 7 月 12 日，山西省数据知识产权登记平台正式上线，截至此时，山西已有 30 件数据知识产权登记申请通过审查。

与此同时，山西省市场监督管理局（知识产权局）不断加强与其他部门的沟通协作，特别是联动推进数据知识产权保护与运用。例如，该局与山西省文物局共同推进山西古建筑及各类文物的数据知识产权保护，2024 年 12 月双方签署《推动文物数据资源和文化衍生品知识产权保护合作协议》，计划开展工作包括建立文物数据资源名录、开展文物数据知识产权保护合作试点、组建文物数据资源保护工作专家库等。此外，该局与山西省财政厅、山西省版权局等部门联合制定省级支持知识产权质押融资发展的若干措施，进一步加大对数据知识产权运用的财政支持力度。

6. 山东：构建三级联动工作格局

山东省通过搭建登记平台、印发登记管理规则等系列举措，构建省、市、县三级联动推进数据知识产权试点的工作格局。在具体工作层面，山东省市场监督管理局指导济南高新区发挥制度优势和先行先试优势，开展数据知识产权咨询、评估服务，加强数据知识产权创新创造、流通交易和权益保护，挖掘释放数据要素潜在价值，助力产业数字化转型和经济高质量发展。

7. 贵州：深化数据知识产权战略合作

贵州省知识产权局、贵州省高级人民法院、贵州省人民检察院、贵州省公安厅、贵州省大数据局等五部门签署深化数据知识产权战略合作协议，将依托贵州建设首个国家大数据综合试验区的良好基础，重点围绕数据知识产权制度研究、数据知识产权标准体系研究、数据知识产权保护与应用研究、数据知识产权人才体系建设等方面开展合作。

7.3.2 相对不足

1. 创新协同深度不足

部分省市虽多部门协作，但协同层次浅、机制僵，未能像上海一样与数据管理等部门充分合作，创新合力待激发，如跨部门联合项目推进慢、资源整合低效，未充分释放协同创新乘数效应。

2. 政策精准适配欠缺

对比上海、浙江精准政策靶向，部分省市政策普适性强、针对性弱，难精准适配产业需求，如新兴数据产业政策扶持缺精准滴灌，传统产业数据转型指引模糊，政策引领产业创新升级乏力。

3. 平台专业服务短板

多数省市服务平台功能单一、技术滞后，未达上海智能化、专业化高度，如登记审核手工依赖、大数据分析浅尝辄止，难满足企业多元需求，阻碍数据知识产权价值高效实现。

4. 人才资源集聚薄弱

相较上海、浙江人才磁吸效应，部分省市人才培育引进弱，专业人才稀缺、人才结构失衡，制约数据知识产权创新发展，如高端数据评估、法务人才匮乏，创新项目人才支撑不足。

5. **市场活力激发受限**

与上海、浙江活跃市场生态比，部分省市市场主体参与度低、交易活跃度弱，如数据交易市场主体少、交易频次低、创新交易产品服务缺，市场机制未充分激活数据资产价值。

第 8 章

数据知识产权未来发展趋势与挑战

8.1 技术创新驱动下的数据知识产权演变态势

8.1.1 对数据价值创造的影响

在当今数字化时代，同态加密[①②]、数据安全标识[③]、区块链[④]、安全多方计算[⑤]、智能合约[⑥]等新兴技术迅猛发展，对数据知识产权领域产生了深刻影响，尤其在数据价值创造方面发挥着关键作用。这些新兴技术的迅猛发展，对数据知识产权的价值创造、权利界定、登记交易保护等方面产生了变革性影响。以下将通过技术应用案例与数据知识产权规则变化趋势，探讨应对技

---

① 韩喆，陶晓英，徐文涛. 同态加密与区块链技术助力破解跨境数据监管难题 [J]. 上海信息化，2024（11）：14-17.

② 徐科鑫，王丽萍. 多方全同态加密研究进展 [J]. 密码学报（中英文），2024, 11（4）：719-739.

③ 汝艺. 数据安全治理中信息技术应用研究 [J]. 信息记录材料，2024, 25（5）：154-156.

④ 刁宏. 区块链赋能企业数字化转型研究：以存货质押融资业务为例 [J]. 财会通讯，2024（24）：144-148.

⑤ 马旭阳，周小凯，郑浩宇，等. 基于无服务器计算的多方数据库安全计算系统 [J]. 软件学报，2025, 36（3）：1084-1106.

⑥ 闫青乐，朱慧君. 基于区块链智能合约的大数据安全 [J]. 计算机应用与软件，2023, 40（12）：332-337.

术发展的法律与实践策略。

同态加密技术允许在密文状态下对数据进行计算，计算结果解密后与明文计算结果一致。在医疗行业，医院可将加密病历数据提供给科研机构，科研人员可对加密数据进行疾病相关性分析、药物疗效评估等研究，挖掘医学规律，推动医疗创新发展，同时保护患者隐私，实现医疗数据科研价值的释放。

数据安全标识技术为每个数据单元赋予独特且安全可控的标识，确保数据全生命周期的可追溯性与安全性。在供应链管理中，产品相关数据通过数据安全标识记录，企业可深入分析这些标识关联数据，精准掌握供应链实时状态，优化库存管理，提升物流效率，降低运营成本，增强企业竞争力，提升数据运营价值。

区块链技术以去中心化、不可篡改和可追溯的特性，显著提升数据可信度与价值，其中最具代表性的新技术手段有智能合约、分布式账本等。在版权领域，创作者将作品数据上链存储，其创作时间、作者信息及后续流转过程等关键信息被永久且不可篡改地记录。数字艺术作品通过区块链进行版权登记和交易，购买方可清晰追溯作品来源和权属，降低版权纠纷风险，提升版权交易效率、安全性和透明度，使作品数据价值显著提升。

安全多方计算技术使多个参与方在不泄露各自数据的前提下，共同计算目标函数。在金融领域，多家银行可利用该技术联合分析客户信用数据，评估信贷风险，无须披露客户详细信息，充分发挥各方数据价值，保护客户隐私和企业数据安全，促进金融机构合作创新，为金融产品和服务优化提供支持。

为应对技术发展带来的挑战，法律层面需加快构建数据知识产权法治体系，一方面应推进专门立法，明确不同类型数据知识产权的权属界定、使用规则及交易机制，另一方面需加强对新兴技术应用的规范引导，制定数据知识产权使用、交易及技术应用的统一标准；在实践策略上，企业与机构需强化数据知识产权治理能力，既要借助新兴技术提升数据知识产权价值创造与管理效能，也要构建风险防控机制，并通过参与行业标准制定和核心技术研发，推动数据知识产权保护技术的创新应用。

8.1.2　对权利界定的影响

区块链技术中的智能合约与分布式账本为数据权利界定提供了新的途径。智能合约可将数据的授权使用规则、权利流转条件等以代码形式写入区块链，当满足预设条件时自动执行，清晰记录数据的使用和流转过程，从而有效减少数据权属纠纷。分布式账本则确保数据权属信息的不可篡改和可追溯性，为数据权利界定提供了可靠的技术支撑。

然而，新兴技术的发展也带来诸多挑战。以人工智能生成内容的数据权利归属问题为例，其创作过程涉及大量的数据训练和算法运算，难以简单地归属于某一个特定主体。目前学界和业界对此存在广泛争议。这就需要法律及时跟进，明确相关规则。例如，可以规定在人工智能生成内容的过程中，对数据的使用和处理在符合一定规范的前提下，将权利归属于特定主体，同时建立相应的审查机制，确保数据来源的合法性。此外，安全多方计算、零知识证明等技术在保障数据隐私和安全的同时，也给数据权利界定带来困难。这些技术使得数据在交互和处理过程中保持加密状态，难以直观判断数据的权属和使用情况。因此，需要探索新的权利界定方法和技术手段，结合加密技术的特点，制定相应的规则和标准，确保数据权利的清晰界定。

8.1.3　对登记交易保护的影响

新兴的数据交易平台利用区块链、智能合约、同态加密等技术，为数据交易提供了更加便捷、高效、安全的服务。例如，同态加密技术允许在加密数据上进行计算，使得数据在交易过程中始终保持加密状态，保障了数据的安全性；智能合约则自动执行交易规则，减少人为干预，提高交易的效率和可信度；群签名与环签名技术为数据交易提供匿名性保障，有助于保护交易双方的隐私。在一些敏感数据交易场景中，交易双方可以使用群签名或环签名技术隐藏自己的身份，同时确保交易的真实性和不可抵赖性。这为数据交易提供了更多的灵活性和安全性，促进了数据的流通和交易。

然而，这些平台的运营也需要法律的规范和监管。法律应明确规定数据交易平台的资质要求、运营规则、安全保障措施等，保障数据交易的安全与合规。例如，要求数据交易平台对交易数据进行严格审查，确保数据来源合法、内容合规；规定平台在数据交易过程中的责任和义务，如对交易双方信息的保密义务等。

8.2 数据跨境流动与国际合作中的数据知识产权困境与出路

8.2.1 法律差异与合规风险

数据跨境流动在当今全球化经济中日益频繁，但不同国家和地区在数据隐私保护、数据主权等方面的法律规定存在显著差异，这给数据跨境流动带来了诸多合规风险。

欧盟的《通用数据保护条例》（GDPR）被认为是全球最为严格的数据保护法规之一。该条例对数据跨境传输设置了严格的限制条件，要求接收国必须具备"充分"的数据保护水平。这意味着，当欧盟境内的数据向其他国家或地区传输时，需要对接收国的数据保护制度进行全面评估，只有当接收国的数据保护水平被认定为与欧盟相当或更高时，数据传输才被允许。例如，欧盟某企业将其收集的用户数据传输到美国的关联公司时，就需要证明美国关联公司所在的美国地区具备充分的数据保护措施，否则可能面临巨额罚款。而美国在数据保护方面的法律体系则呈现出不同的特点。美国更注重数据的商业利用，在数据跨境流动方面相对更为宽松。美国通过一系列的法律和政策，鼓励企业在全球范围内收集和利用数据，以促进数字经济的发展。然而，这种差异也导致了欧美之间在数据跨境流动问题上的摩擦。例如，2020 年，欧盟法院裁定欧美之间的"隐私盾协议"无效，原因是该协议未能充分保障欧盟公民的数据隐私权利，这给大量从事欧美跨境业务的企业带来了巨大的合规风险。

8.2.2　国际数据传输案例与纠纷处理情况

以脸书（Facebook）为例，该公司因跨境数据传输问题多次面临欧盟监管机构的调查。[①] 脸书在欧洲拥有大量用户，其将欧洲用户的数据传输到美国进行存储和处理。欧盟监管机构认为，这种数据传输方式可能导致欧洲用户的数据隐私无法得到充分保障，因为美国的法律体系在数据隐私保护方面与欧盟存在差异。这一案例引发了广泛的关注，不仅对脸书的业务运营产生了重大影响，也凸显了数据跨境流动中存在的法律风险和纠纷。这一案例表明，企业在进行数据跨境流动时，必须充分了解不同国家和地区的法律差异，确保数据传输的合规性。

8.2.3　国际协调机制构建与国际规则制定的必要性与路径选择

国际协调机制的构建和国际规则的制定对于解决数据跨境流动中的法律差异和合规风险至关重要。首先，国际规则的制定可以为企业提供明确的行为准则，降低企业在数据跨境流动中的合规成本。其次，统一的国际规则有助于促进全球数据的安全流动和合理利用，推动数字经济的健康发展。

在路径选择方面，应充分发挥国际组织的作用。例如，世界贸易组织（WTO）可以将数据跨境流动纳入其谈判议程，推动成员国之间就数据跨境流动的规则进行协商和制定。同时，联合国等国际组织也可以通过发布相关的指南和标准，引导各国在数据保护和跨境流动方面采取一致的行动。

此外，双边和多边合作也是重要的途径。各国可以通过签订双边或多边的数据保护协议，明确数据跨境流动的条件和规则。例如，欧盟与日本签订的《经济伙伴关系协定》（EPA）中，就包含了关于数据跨境流动的条款，为双方企业在数据跨境流动方面提供了明确的指导。

---

① 宁宣凤，吴涵，赵泱地. 数据合规：来自 FACEBOOK 危机的警示 [EB/OL]. (2018-03-28) [2025-02-27]. https://www.kwm.com/cn/zh/insights/latest-thinking/data-compliance-case-analysis-from-facebook-crisis.html.

8.3 数据知识产权与未来产业、战略性新兴产业、主导产业的关系

8.3.1 与未来产业的关系

未来产业作为前沿技术驱动的前瞻性新兴产业，正处于孕育萌发或产业化初期阶段，对推动科技进步、产业升级以及培育新质生产力具有重要的战略意义。数据知识产权在未来产业的六大主要方向，即未来制造、未来信息、未来材料、未来能源、未来空间和未来健康的发展中，扮演着至关重要的角色，与各方向产业存在着紧密且多元的关系。

1. 未来制造

数据知识产权对于未来制造产业而言，是实现智能化生产、优化供应链管理以及保障创新成果的关键因素。以人形机器人产业为例，数据知识产权对人形机器人产业的发展更是意义非凡。一方面，它规范了产业内的数据使用与管理，解决了数据格式不统一、质量参差不齐等问题，为人形机器人数据的共享和流通奠定坚实基础，促进产业上下游的紧密协作与资源整合。另一方面，其推动了数据资产的价值评估与开发利用，吸引更多资本与人才流入，加速产业生态的繁荣。在上海市注册、工信部授牌的国家地方共建人形机器人创新中心获得的，由全国首批行政机关（上海市知识产权局）审核并颁发的《通用人形机器人运动行为训练数据模型》与《通用人形机器人智能作业训练数据模型》数据产品知识产权证书，不仅为中心自身发展注入强大动力，更带动整个人形机器人产业朝着标准化、高效化、创新化方向大步迈进。

2. 未来信息

在未来信息产业中，数据是核心资产，数据知识产权的重要性尤为突出。从技术创新角度看，数据知识产权保护鼓励企业和科研机构在人工智能、大数据、云计算等领域进行数据驱动的创新。例如，人工智能企业对训练数据的知识产权保护，使其能够构建独特的算法模型，提升产品和服务的竞争力。在数据流通与交易方面，明确的数据知识产权归属为数据的市场化运作提供了基础。数据交易平台能够基于清晰的产权界定，促进数据的合法流通和共享，推动信息产业的繁荣发展。此外，数据知识产权还关乎用户隐私和信息安全。企业在收集、使用用户数据时，遵守相关的数据知识产权法律法规，能够增强用户对信息产业的信任，为产业的可持续发展营造良好环境。

3. 未来材料

数据知识产权对未来材料产业的发展具有多方面的推动作用。在材料研发阶段，科研人员通过对大量实验数据、模拟计算数据的分析，探索新材料的性能和应用潜力。对这些数据的知识产权保护，能够激励科研人员积极投入研发工作，防止研究成果被抄袭，保障科研创新的积极性。例如，在新型半导体材料的研发过程中，企业对材料的成分、结构与性能关系的数据拥有知识产权，有助于其在市场竞争中占据优势。在材料生产和应用环节，数据知识产权有助于优化生产工艺和质量控制。企业通过对生产数据的保护和分析，能够不断改进生产流程，提高材料质量的稳定性。同时，数据知识产权的保护也为材料企业与其他产业的合作提供了保障，促进新材料在电子、能源等领域的广泛应用。

4. 未来能源

未来能源产业的发展高度依赖数据驱动的创新和管理，数据知识产权在此过程中发挥着不可或缺的作用。在能源勘探和开发领域，对地质数据、油藏数据等的知识产权保护，能够确保能源企业的核心资产安全，为企业的持续勘探和开发提供保障。例如，石油企业对其积累的地质勘探数据拥有知识产权，能够更精准地确定油气资源的分布，提高勘探效率。在能源生产和转换环节，数据知识产权有助于优化能源生产过程。智能电网通过对电力数据的实时监测和分析，实现电力的高效调配和稳定供应。数据知识产权的保护确保了这些数据的安全性和合法使用，促进了能源产业的智能化发展。此外，在可再生能源领域，数据知识产权也推动了技术创新和市场拓展。太阳能、风能等企业对其设备运行数据、能源转换效率数据的保护，有助于提升产品性能，增强市场竞争力。

5．未来空间

在未来空间产业，数据知识产权对于航天探索、卫星应用等方面具有关键意义。在航天探索领域，数据知识产权保障了航天科研机构和企业对卫星遥感数据、深空探测数据等的合法权益。这些数据对于了解宇宙奥秘、进行空间科学研究至关重要，通过对其知识产权的保护，能够激励更多的科研投入，推动航天技术的进步。在卫星应用领域，数据知识产权促进了卫星数据的商业化应用。例如，卫星导航数据、气象监测数据等的知识产权保护，使得相关企业能够基于这些数据开发出各类增值服务，如智能交通导航、精准气象预报等，拓展了卫星应用的市场空间。同时，数据知识产权也有助于保障空间数据的安全，防止数据被非法获取和利用，维护国家的空间安全利益。

6．未来健康

数据知识产权在未来健康产业的发展中具有核心地位，涉及医疗数据的保护、药物研发数据的利用以及健康管理数据的应用等多个方面。在医疗数据保护方面，患者的病历数据、基因数据等的知识产权保护，不仅能够保障患者的隐私安全，还为医疗科研提供了合法的数据来源。医疗机构和科研机构在获得患者授权的基础上，对这些数据进行分析和研究，能够推动精准医疗的发展。在药物研发领域，数据知识产权激励企业投入大量资源进行新药研发。制药企业对药物临床试验数据、药物靶点数据等的保护，能够防止竞争对手的模仿，保障企业的研发成果和商业利益。在健康管理领域，数据知识产权促进了健康数据的合理利用。通过对个人健康数据的收集、分析和知识产权保护，健康管理机构能够为用户提供个性化的健康管理方案，提升健康服务的质量和效率。

8.3.2 与战略性新兴产业的关系

1. 人工智能

在战略性新兴产业中，人工智能是一个典型的依赖数据驱动的产业。大量的标注数据是训练人工智能算法的关键要素。数据知识产权的存在促进了数据的流通和共享，使得人工智能企业能够获取到更多高质量的数据，从而推动人工智能技术的迭代和应用拓展。例如，一些人工智能图像识别企业通过购买或合作的方式获取大量的图像标注数据，这些数据的知识产权得到明确保护，使得数据提供方和使用方都能够放心地进行数据交易和合作。通过对这些数据的训练，人工智能图像识别技术不断提升，在安防、医疗影像诊断等领域得到了广泛应用。

2. 生物医药

在生物医药领域，数据知识产权同样具有不可忽视的重要性。随着基因测序、临床研究、药物研发等技术的快速发展，该行业积累了大量数据。以基因数据为例，它是生物医药研究的核心资源之一。通过对大量基因数据的分析，科研人员能够深入了解疾病的发病机制和遗传特征，为精准医疗提供支持。例如，在癌症研究中，分析肿瘤患者的基因数据可以发现特定基因突变与癌症发生、发展的关联，为开发抗癌药物提供依据。保护这些基因数据的知识产权，能够激励科研机构和企业投入基因研究，推动基因治疗等前沿技术的发展。这不仅能确保数据提供者的权益，使其在数据共享与合作中获得合理回报，还能防止基因数据的非法获取与滥用，维护科研秩序和公共利益。

3. 新能源汽车

新能源汽车产业也是数据知识产权发挥重要作用的领域。在新能源汽车的研发和生产过程中涉及大量的数据，如电池管理数据、自动驾驶数据等。电池管理数据可以帮助企业优化电池的性能和寿命，自动驾驶数据则是实现自动驾驶功能的关键。通过对这些数据的知识产权保护，企业能够构建起自己的技术壁垒，提升产品的竞争力。例如，某新能源汽车企业通过对其独特的电池管理算法数据进行知识产权保护，使得其电池在续航里程、安全性等方面表现优于竞争对手，从而在市场上获得了更大的份额。

8.3.3　与主导产业的关系

1. 传统制造业

传统制造业在数字化转型过程中，数据知识产权发挥着重要的赋能作用。企业对生产数据的保护和利用，可以帮助企业优化生产流程、提高产品质量和生产效率。例如，某汽车制造企业通过对生产线上的传感器数据进行分析，发现了生产过程中的一些潜在问题，通过改进生产工艺，减少了次品率，提高了生产效率。同时，该企业对这些生产数据进行知识产权保护，防止竞争对手获取这些数据，从而保持了自身的竞争优势。

2. 金融服务业

在金融服务业，客户数据的知识产权管理对于创新金融产品和服务模式具有重要意义。通过对客户的交易数据、信用数据等进行分析，金融机构可以开发出更加个性化的金融产品，如基于大数据分析的个性化理财产品推荐。同时，金融机构对客户数据的知识产权保护，可以增强客户对金融机构的信任，保障金融机构在数字化时代的持续繁荣稳定。例如，某银行通过对客户的消费行为数据和资产状况数据进行分析，为客户提供了定制化的理财方案，提高了客户的满意度和忠诚度。

8.4 应对数据知识产权未来挑战的策略与建议的综合考量

8.4.1 完善法律制度创新与立法路径的实践要点

1. 完善法律体系架构

一是加快制定专门的数据知识产权保护法,整合现有分散规则,明确数据知识产权的权利客体、主体、权利内容、保护期限等核心要素。借鉴欧盟立法经验,结合我国数据产业发展实际,构建适应不同类型数据保护需求的制度体系,如针对具有独创性的数据产品设立类似著作权保护规则,对数据集合探索适宜的特殊权利保护模式,填补立法空白。二是做好与传统知识产权法律以及其他相关法律法规的衔接协调。例如,在《著作权法》修订中,进一步细化数据相关独创性判断标准及邻接权适用情形;在《反不正当竞争法》实施细则中,明确数据不正当竞争行为的具体类型与认定标准,形成法律合力,全方位保障数据知识产权。

2. 强化侵权打击与维权保障

加强侵权判定标准的研究与制定,由最高人民法院牵头,汇总各地典型案例,发布具有权威性的数据侵权判定司法解释,明确数据合理使用边界、侵权行为构成要件等关键问题,统一裁判尺度。建立专门的数据知识产权侵权监测机构,利用大数据分析、人工智能技术实时监测侵权行为,及时固定证据,降低权利人举证难度。在维权保障方面,设立数据知识产权维权专项基金,对维权成本过高的权利人给予资金支持;完善多部门协同保护机制,加强市场监管、司法、网信等部门联动,构建一站式维权服务平台,简化维权流程,缩短维权周期,切实增强数据知识产权保护实效,为数据要素市场蓬勃发展营造良好法治环境。

8.4.2 促进技术标准与规范制定的引领与参与

1. 发挥国家层面引领作用

国家知识产权局与国家数据局在数据知识产权技术标准制定进程中肩负着关键的引领使命。随着数字经济的蓬勃发展，数据已成为关键生产要素，其知识产权的保护与合理利用依赖于科学且统一的技术标准。这两个部门联合组建的专业团队，需深度剖析数据知识产权的核心特质与多元需求，从而为各阶段的标准制定提供坚实依据。

在数据生成阶段，统一的数据格式规范至关重要。以工业互联网为例，众多厂家生产的传感器规格各异，所采集的数据格式也千差万别，这严重阻碍了数据的有效整合与分析。国家层面应制定统一的传感器数据格式标准，不仅要涵盖数据的基本结构，如数据类型、字段定义等，还需明确数据的编码方式、时间戳格式等细节，确保不同厂家的传感器数据能够在同一平台上无缝对接。这不仅有助于企业实现生产流程的自动化与智能化，还能促进工业互联网生态系统的协同发展，提升整个行业的生产效率与竞争力。

在数据存储阶段，明确的数据质量把控指标是保障数据价值的关键。医疗数据存储便是一个典型案例，患者的基本信息、诊断结果等关键数据的准确性和完整性直接关系到医疗决策的科学性与患者的生命健康。这包括建立数据质量监控机制，实时监测数据的准确性和完整性；制定数据清洗和修复规则，确保存储的数据符合高质量标准。同时，针对不同类型的医疗数据，如结构化的病历数据、非结构化的影像数据等，应制定相应的存储策略，以提高数据存储的效率和安全性。

在数据传输与使用环节，保障数据安全是重中之重。在金融领域，数据的安全传输关乎客户的财产安全和金融机构的信誉。国家应推动采用先进的加密算法与协议，如 SSL/TLS 加密协议，确保金融数据在传输过程中的保密性、完整性和可用性。此外，还需制定数据使用的权限管理标准，明确不同用户对数据的访问权限和使用范围，防止数据滥用。例如，规定银行员工只能在授权范围内访问客户数据，且访问行为需进行实时记录和审计，以便在出现安全问题时能够追溯责任。

2. 推动企业与行业协会参与

企业与行业协会基于不同应用场景的参与，是数据知识产权技术标准制定不可或缺的环节。企业作为标准的执行者，不仅要严格遵循这些标准，还应在实践中不断优化数据灾备与恢复机制。以某银行为例，建立异地双活数据中心，通过实时数据同步技术，确保主数据中心和备用数据中心的数据一致性。当主数据中心出现故障时，能够在短时间内自动切换到备用数据中心，保障金融业务的连续性与数据安全。同时，企业还应参与标准的修订与完善，将实践中遇到的问题和经验反馈给行业协会，推动标准的持续优化。

通过国家层面的引领以及企业与行业协会在不同场景下的协同努力，形成多维度、多层次的标准制定与实践网络。这不仅促进了数据知识产权相关技术标准在科学性与实用性上的不断提升，更为数据知识产权的规范化发展奠定了坚实基础，推动了数字经济在安全、有序的环境中持续发展。

8.5 强化国际交流与合作的对话与行动

8.5.1 建立多层次对话机制

构建多层次的国际对话机制对于应对数据跨境流动带来的挑战至关重要。在政府层面，各国政府应定期开展数据知识产权政策研讨，分享各自在数据保护、数据交易、跨境流动等方面的立法与监管经验。例如，每年举办一次国际数据知识产权政策论坛，邀请各国政府官员、专家学者共同参与，深入探讨数据知识产权政策的制定与完善。

在企业层面，推动企业间的跨境数据合作洽谈。例如，组织跨国企业数据合作峰会，为企业搭建交流平台，促进不同国家和地区的企业在数据共享、联合研发等方面开展合作。通过企业间的合作，可以更好地整合全球数据资源，提升数据的利用效率和价值创造能力。同时，企业在合作过程中也能够积累应对不同国家（地区）法律和文化差异的经验，提高自身的数据知识产权管理水平。

学术机构间的理论研究交流同样不可或缺。鼓励各国学术机构开展联合研究项目，共同探讨数据知识产权领域的前沿理论和实践问题。例如，建立国际数据知识产权研究联盟，定期组织学术研讨会和交流活动，促进学术成果的共享和传播。通过学术机构间的交流，可以为政府和企业提供更具前瞻性和科学性的理论支持，推动数据知识产权领域的创新发展。

8.5.2 签订双边和多边合作协议

双边和多边合作协议是实现国际数据知识产权协调的重要手段。以中美在数据知识产权执法协作方面的尝试为例，尽管中美两国在数据保护理念和法律制度上存在差异，但通过积极的沟通与协商，双方在某些领域达成了一定的共识。例如，在打击跨境数据盗窃、网络诈骗等违法犯罪行为方面，双方可以加强执法信息共享和协作，合力构建数据知识产权保护体系。

欧盟与日本签订的《经济伙伴关系协定》（EPA）在数据跨境流动方面的条款为其他国家提供了有益的借鉴。该协定明确了数据跨境流动的条件和规则，规定了双方在数据保护方面的责任和义务，为双方企业在数据跨境流动方面提供了明确的指导。其他国家（地区）可以参考这一模式，通过签订双边或多边数据保护协议，建立互信机制，促进数据的安全、有序流动。

8.6 提升企业数据知识产权管理能力的建设与规划

8.6.1 加强企业内部建设

企业作为数据知识产权的重要主体，强化内部建设是提升数据知识产权管理能力的基础。设立专门的知识产权管理部门至关重要，该部门应负责数据资产的全面梳理。通过对企业内部各类数据，包括客户数据、生产数据、研发数据等进行清查，建立详细的数据资产清单，明确数据的来源、存储位置、使用情况等信息。

在权益登记方面，知识产权管理部门要及时对企业的数据知识产权进行登记，确保企业对数据的合法权益得到法律保护。同时，加强对数据知识产权的风险监控，建立风险预警机制。通过实时监测数据的使用情况、市场动态以及法律法规的变化，及时发现潜在的数据知识产权风险。例如，当发现竞争对手可能存在侵犯企业数据知识产权的行为时，能够迅速采取措施进行应对，如发送警告函、提起诉讼等。

8.6.2 制定企业战略规划

在战略规划方面，企业应将数据知识产权纳入整体发展战略。根据企业的数据特点和市场需求，制订详细的数据采集计划。鼓励企业进行数据创新，通过对数据的深度挖掘和分析，开发新的产品和服务。此外，企业还应通过内部培训与制度建设提升员工的数据知识产权意识。定期组织员工参加数据知识产权培训，使员工了解数据知识产权的重要性、相关法律法规以及企业内部的数据知识产权管理制度。同时，建立健全数据知识产权管理制度，明确员工在数据采集、使用、存储等过程中的权利和义务，对违反制度的行为进行严格处罚。通过这些措施，实现企业数据知识产权管理的规范化与高效化，增强企业的核心竞争力。

面对数据知识产权未来的发展趋势与挑战，我们需要从技术创新、国际合作、产业融合以及企业管理等多个层面进行综合考量和应对。通过加强法律制度创新、促进技术标准制定、强化国际交流与合作以及提升企业数据知识产权管理能力，为数据知识产权的健康发展创造良好的环境，推动数字经济的持续繁荣。

第9章

提高数据知识产权试点质效的思考

为了让数据知识产权试点工作基础扎实、行稳致远，必须进一步强化底线思维、市场思维、系统思维、协同思维，推动数据知识产权试点工作不断深入。

9.1 强化底线思维，牢牢把握数据的安全与合规

数据信息安全是任何国家、政府、部门、行业都十分重视的问题，是一个不容忽视的国家安全战略，主要包括数据信息的完整性、可用性、保密性和可靠性。

9.1.1 高度重视数据的安全性

在数字经济迅猛发展的形势下，数据已跃升为与土地、劳动力、资本和技术并驾齐驱的关键生产要素。数据不仅是国家基础性战略资源，同时也是企业的重要资产。数据安全已成为事关国家安全与经济社会发展的重大问题。数据安全的实质就是要保护数据信息系统或信息网络中的信息资源免受各种类型的威胁、干扰和破坏。2023 年 8 月 16 日，国家安全部微信公众号发文表示，当前，数据在采集、存储、传输、使用过程中产生的权属不清、越权越级访问、交易无序等一系列问题矛盾和风险逐渐显现，数据泄露、数据贩卖、

数据滥用等违法活动增多。更具持续性和隐蔽性的数据安全风险，给数据安全保障工作带来了极大挑战。根据 Verizon《2024 年数据泄露调查报告》，2024DBIR 依然基于大量现实事件进行研究支撑，共分析 30458 起的安全事件，10626 起已确认的数据泄露事件，跨越 94 个国家。这一数量与前一年相比（16312 起安全事件和 5199 起数据泄露事件）约翻了一番，再创历史新高。我国是网络大国，也是网络攻击的主要受害国家。所以一定要高度重视数据知识产权试点过程中从登记到公示、存证、上链全过程中的数据安全。

9.1.2　高度重视数据的合规性

数据合规是指企业的数据活动需要符合一切规则，包括国际条约、国内法律法规规章、其他规范性文件、行业准则、商业惯例、社会道德以及企业章程、规章制度的要求。数据合规的目的是保障数据安全和个人隐私，促进数据价值的合法利用和发展。数据合规包括采集、加工和运用过程中的合规。在收集、获取或采集数据时，要符合相关法律法规的要求，尊重数据主体的权利，获取其同意或授权，并避免收集与业务无关或敏感的数据。在数据加工过程中，应对数据采集、数据传输、数据储存、数据使用、数据开放共享、数据销毁等数据全生命周期管理的要素，制定必要的管控措施及标准，依法保护企业数据基础设施免受攻击、侵入、干扰和破坏，防范数据处理的违规风险，确保数据安全合规。

9.1.3　高度重视知识产权保护

知识产权的发展，需要数据安全制度的保护，更需要数据安全处理技术提供支撑，良好的知识产权环境又是数据安全领域持续创新的保障，有利于专业化团体内、行业内协作的巩固和发展，推动数据安全产业高质量发展。数据知识产权试点，就是强化知识产权保护的一种手段，数据产品登记也是后续制订知识产权各类保护政策的基础。

9.2 强化市场思维，持续优化营商环境

在优化营商环境上，市场主体反映最多的问题是企业感受和政府政策之间的"温差"问题。如何减少"温差"，让政策直抵企业，一方面需要"开门办营商"，在制定政策的过程中充分考虑企业需求。有关部门要多调查研究，多倾听经营主体诉求，深入了解企业的所思所盼。另一方面需要让政策动起来、跑起来，从"人找政策"向"政策找人"转变。有关部门应切实更新观念，变被动服务为主动服务，把好政策主动送到企业中去，实实在在帮助企业解决实际问题。

9.2.1　准确定位数据知识产权的登记品种

数据是支撑经济社会数字转型、智能升级、融合创新的基础。如何在数字经济发展中发挥数据资源作为关键性生产要素的作用，就是要确立数据知识产权着力点和落脚点。在试点初期，无论是国家知识产权局的指导意见还是浙江最早开展的实践探索，均把数据集合作为数据知识产权登记的重点。但在数据企业的调研中发现，企业最需要登记和保护的不是"数据集合"，而是"数据加工产品"，俗称为"可交易数据产品"。企业直言，数据集合或者说数据库是企业的命脉，除非企业行将倒闭否则不会流通数据库，而且数据集合随时变动的动态性，导致无法固化登记。而利用数据库的数据研发、加工形成的各类数据产品，企业认为其流通过程最需要知识产权的保护，也是市场对数据登记最为迫切的需求所在。所以上海在试点过程中，始终坚持把"数据加工产品"作为数据知识产权登记研究的重点，围绕着促进可流通可交易做文章，同时兼顾数据加工过程中所需要的数据技术算法，以及数据加工集合本身。

9.2.2　准确定位数据知识产权确认权利的重点

数据有没有知识产权，一直是理论界争议的重点。"数据二十条"出台后，"三权分置"中的"数据加工使用权"为数据知识产权提供了可靠理论保障。数据经过实质性加工和创新性劳动所形成的智力成果，具有知识产权属性，这与传统的知识产权理念一脉相承，业界也没有反对的声音。所以数据知识产权登记的重点不是数据的所有权，而是数据产品加工过程中所付出的具体劳动，能确认的是数据产品的知识产权权利。这个权利不能仅仅是通过简单的存证即可赋予，而是应该对这个知识产权属性进行实质性审查，确认其是否存在加工和创造，是否是智力成果，是否有应用场景。

9.2.3　准确定位优化数据知识产权登记的程序

优化营商环境，就是方便市场主体的运营，就数据知识产权试点而言，就是简化登记的程序，减少企业登记的成本。目前试点的大部分地区，均有数据知识产权登记前先存证、先公证的程序前置要求，指定在市场化的公司先存证，一方面涉嫌垄断经营，另一方面增加数据信息泄露的危险。事先公证，会给企业增加很多成本，况且公证的法律效力远高于目前没有法律规定的数据知识产权登记。如果能够拿到公证又何必再去登记，是企业较为一致的看法。而且无论是存证还是公证，都需要比较多的时间成本、资金成本，这与免费的数据知识产权登记形成反差。当然，先存证、先公证，可以减少知识产权部门开展数据知识产权登记的潜在风险，但不符合优化营商环境的大环境。

9.3　强化系统思维，推动数据产品的流通运用

开展数据知识产权试点的目的是促进数据的有效流通、强化保护和充分

利用。登记的目的是方便数据的流通，激发市场主体善于、敢于将自己的数据与社会、与其他企业共享、分享。所以在推进数据知识产权登记试点的同时，要做好促进数据流通的下一篇文章。

9.3.1　明确数据流通并不局限于数据交易

2022 年年底发布的《中共中央　国务院关于构建数据基础制度更好发挥数据要素作用的意见》提出，构建数据产权、流通交易、收益分配、安全治理等制度，初步形成我国数据基础制度的"四梁八柱"。在 2023 年 4 月召开的数据要素流通与治理产业高峰论坛上，多位专家表示，我国数据流通发展迎来产业新浪潮，预计 2025 年数据交易市场规模将超 2200 亿元。不过，我国数据交易仍以场外交易为主，国家级的数据交易机构如上海数据交易所 2022 年交易的规模刚刚超过 10 亿元。所以数据知识产权登记，不是为了让登记产品入场交易，而是让登记证书作为数据产品权属的一个凭证，方便在市场流通。

9.3.2　推动数据产品证书在质押融资中的应用

国家知识产权局 2024 年年初公布的数据显示，我国知识产权转化运用加速推进，支撑产业发展效能快速提升。2023 年，全国专利商标质押融资额达 8539.9 亿元，同比增长 75.4%，惠及企业 3.7 万家。而最早开展登记试点的浙江，推动数据知识产权产品的质押融资，截至 2024 年 2 月底，已有 64 家浙江企业完成数据知识产权质押融资 22.04 亿元，其中 8 家授信规模逾亿元。在推动数据知识产权产品流通交易的同时，作为与商标、专利同类的知识产权品种，探索推动质押融资以及证券化，是未来扩大数据流通规模的有效途径。

9.3.3　强化数据的分类分级保护

数据分类分级是数据安全保障的第一步，也是促进数据要素流通利用的关键一步。全国网络安全标准化技术委员会在 2024 年 3 月 15 日正式发布首个数据安全技术类标准，即国家标准 GB/T 43697—2024《数据安全技术　数据分类分级规则》，该标准已于 2024 年 10 月 1 日起正式实施。根据数据在经济社会发展中的重要程度，以及一旦遭到泄露、篡改、损毁或者非法获取、非法使用、非法共享，对国家安全、经济运行、社会秩序、公共利益、组织权益、个人权益造成的危害程度，数据分级规则将数据从高到低分为核心数据、重要数据、一般数据三个级别。数据知识产权登记作为知识产权保护的一种形式，要探索研究后续相关分级分类保护方法，为登记产品提供有效保护。

9.4　强化协同思维，合力提高试点成效

数据知识产权试点工作，需要方方面面的支持，除了相关综合发展部门、产业管理部门、数据管理部门的支持，还需要公安、法院、检察院等司法部门促进登记证书作为证据的应用，更有赖于市场主体和社会各方的助力。

9.4.1　推动数据知识产权登记证书的应用

作为知识产权行政部门对数据产品的登记，能否在司法裁判中作为证据应用，需要知识产权部门加大与司法部门的沟通协调，得到司法部门的支持。要充分应用已有的判例，指导在司法裁判中更多的应用，提高司法裁判应用的效率。《浙江省优化营商环境条例》明确知识产权、市场监督管理、司法行政等部门和司法机关，应当建立健全登记（指数据知识产权）信息共享、证据互认等协同机制，推进登记证书在行政执法、司法审判中的运用。而北京法院，已经在判决中首次使用数据知识产权登记证书作为证据。同时，要探索在知识产权资金资助、科技创新企业评审认定以及科创板上拟上市公司的应用。

9.4.2 完善数据知识产权的生态体系

要建立数据收集、数据处理、数据加工、数据流通全链条的数据合规指引，制订相关细则。要加强全链条的知识产权保护，既不侵犯已有的知识产权，又保护好自身的商业秘密不被侵犯。上海为此建立了由百余家数据生产商、数据加工商、数据服务商组成的"知识产权数商"队伍，通过示范引领，在全面提高数据产品的质量的同时，强化知识产权保护的措施。

9.4.3 做好广泛宣传

数据知识产权作为新生事物，要充分运用宣讲会、新媒体宣传等多种形式，把数据知识产权试点的意义、方法等宣传到位，让公众知晓。同时，要有针对性地在数据集聚区建立数据知识产权工作站，为企业提供政策咨询，帮助企业登记申请。优化营商环境工作要从以前的减流程、减环节、减时间、提高便利度，转变为走向系统集成的阶段。对于数据知识产权试点而言，要用数据管数据，用人工智能服务数据登记。

上海市数据产品知识产权登记存证暂行办法

第一条 （目的和依据）

为促进数据要素有序流通和数据价值充分实现，推进数据产品知识产权登记试点工作，根据《"十四五"国家知识产权保护和运用规划》《上海市知识产权保护和运用"十四五"规划》以及相关规定，结合上海实际，制定本办法。

第二条 （适用范围）

本办法适用于自然人、法人或者非法人组织向上海市知识产权局申请数据产品知识产权登记以及相关管理服务活动。

第三条 （定义）

本办法所称数据产品知识产权，是指自然人、法人或者非法人组织对其合法获取的数据资源，经过实质性加工和创新性劳动后形成的具有智力成果属性和商业价值的数据加工集合、数据加工产品、数据技术算法等数据产品享有的权益。

第四条 （总体要求）

上海市知识产权局在国家知识产权局指导下，贯彻落实关于数据产品知识产权试点工作部署，开展数据产品知识产权登记的审查、监督、管理等工作，为国家试制度、探新路积累先行先试经验。

上海市数据局支持建设上海市数据产品知识产权管理平台和上海市数据存证中心知识产权分中心。

数据产品知识产权登记遵循依法合规、自愿登记、公平有序、诚实信用、安全高效的原则，确保国家安全、社会公共利益、商业秘密和个人隐私不受侵犯。

数据产品知识产权登记、变更、撤销和注销的，上海市知识产权局应当进行公告。

第五条　（申请方式和材料）

申请数据产品知识产权登记的，应当通过上海市数据产品知识产权管理平台（简称"管理平台"）提出申请，并提交以下材料：

（一）数据产品知识产权登记申请表；

（二）数据产品概述；

（三）对数据进行实质性加工和创新性劳动的说明；

（四）应用场景说明；

（五）数据产品知识产权权益归属声明以及数据产品不涉及国家秘密、不侵害他人个人信息和知识产权承诺书；

（六）数据产品信息。

第六条　（登记审查）

上海市知识产权局应当依据本办法和制定的审查指南对登记申请进行审查。

申请材料不齐全或者不符合规定要求的，上海市知识产权局应当在接到材料3个工作日内，一次性告知登记申请人需要补正的材料，申请人应于10个工作日内予以补正。

登记申请人无正当理由逾期不补正的，视为撤回登记申请。

第七条　（不予登记的情形）

有下列情形之一的，不予登记并告知申请人：

（一）数据产品涉及国家安全、侵犯国家秘密或者损害社会公共利益的；

（二）数据产品侵害他人个人信息或者隐私的；

（三）数据产品系非法获取或者侵害他人知识产权的；

（四）数据产品权属不清或者存在争议的；

（五）登记申请人隐瞒事实或者弄虚作假的；

（六）重复申请登记或者登记申请主动撤回后3个月内无正当理由再次提出登记申请的；

（七）其他不符合法律法规规定的情形。

第八条（公告异议程序）

数据产品知识产权登记申请经审查通过的，由上海市知识产权局发布公告。

自公告之日起 15 日内，利害关系人认为登记申请具有本办法第七条第二项至第四项规定情形之一的，或者任何自然人、法人或者非法人组织认为登记申请具有本办法第七条第一项、第五项至第六项规定情形之一的，可以向上海市知识产权局提出异议。

上海市知识产权局应当对异议进行审查，在 60 日内作出异议处理决定，并告知异议人和登记申请人。情况特殊、复杂的，异议处理期限可以延长 60 日。

公告期满无异议或者异议不成立的，由上海市知识产权局予以登记，通过区块链技术予以上链存证，并颁发登记证明文件。

第九条（登记证明文件）

登记证明文件包含以下内容：

（一）文件名称；

（二）证书编号；

（三）登记号；

（四）数据产品名称；

（五）登记主体；

（六）证件号码；

（七）申请日期；

（八）登记日期；

（九）其他需要在登记证明文件上载明的内容。

第十条（变更登记）

已登记数据产品知识产权的转让、质押、许可使用以及登记内容变更的，应当通过管理平台进行变更登记。

数据产品知识产权转让的变更登记应当由双方共同申请，属于下列情形之一的，可以由单方申请：

（一）继承、接受遗赠取得权利的；

（二）生效的法律文书等设立、变更、转让、消灭权利的；

（三）权利人姓名、名称或者自然状况发生变化的；

（四）法律法规规定的其他情形。

第十一条（撤销登记）

数据产品知识产权登记后，上海市知识产权局发现已登记的数据产品知识产权具有本办法第七条规定情形之一的，应当予以撤销，告知权利人。

利害关系人认为已登记的数据产品知识产权具有本办法第七条规定情形之一的，可以向上海市知识产权局申请撤销。

上海市知识产权局经审查，应当在 30 日内作出撤销或者不予撤销登记决定，并告知权利人和利害关系人。

第十二条（注销登记）

权利人可以向上海市知识产权局申请注销已登记的数据产品知识产权。

因生效的法律文书等情形导致原权利人相关权利灭失的，由新权利人进行注销或者变更登记；无新权利人的，由上海市知识产权局进行注销登记。

第十三条（登记有效期及续展登记）

数据产品知识产权登记有效期为 3 年，自数据产品知识产权登记之日起计算。

涉及变更登记、撤销登记、注销登记的，登记部门要将相关信息及时传送存证。

数据产品知识产权登记存证有效期满，权利人应当在期满前 30 日内办理续展登记手续。每次续展登记的有效期为 3 年，自上一有效期满次日起计算。

第十四条（施行时间）

本办法自 2024 年 12 月 8 日起施行。

后 记

　　进入数字经济社会，数据已经成为最重要的生产要素。在经济发展过程中，数据已经像阳光、空气、水一样，在经济生活中无时不在、无处不在。

　　与土地、石油、钢铁这些生产要素不同，因为数据的特殊形式，在作为生产要素参与经济生活过程中，如何确认数据所有人的权益，如何促进数据的流通运用，如何保护数据的安全，成为制约数据充分利用、合理流动的重要因素。而我们的数据产品知识产权登记试点工作，就是想利用数据在加工过程中所形成并附加的"知识产权属性"，来为数据的赋权和保护提供一条可靠、可行、可操作的知识产权路径。

　　从寻求浦东新区利用全国人大授予的特殊立法权，来为上海数据产品知识产权登记提供法律支撑，到最后由上海市知识产权局联合市数据局发布规范性文件；从国家知识产权局确定的登记"数据集合"，到上海登记聚焦"数据产品"；从外省市试点中的先存证公证再形式审查的登记，到上海没有任何前置条件，提出实质性审查；甚至是由"上海市知识产权局"作为发证机关，整个试点过程我们承受住种种压力。

　　我们的勇气，来自对上海200多家数据企业的调研，来自对兄弟试点省市的学习，企业有所需我们有所应；我们的底气，来自上海这座创新之城一以贯之的务实，以及人才集聚的优势；我们的信心，更是来自方方面面的大力支持。

　　我们脚踏实地，严格遵循市场规律，不断修正实质性审查的纬度，充分发挥审查指导专家的专业优势，走出了数据产品知识产权试点的"上海之路"。随着一批来自国家部门"央视楼兰平台""中国文保链""交通部海图平台""沪深 300 指数"等的申请,随着淘宝、抖音、饿了么、大智慧、知网等知名平台的申请,随着上海几乎所有大型数据公司的申请,以及云南首证、新疆首证、军队首证的在沪申请,我们可以很自豪地说,我们初步得到了市场的认可。虽然我们几乎不做任何的宣传,但吸引了 27 个省市众多知名单位的申请,数据管理部门的一位处长开玩笑说做到了"酒香飘千里"。

我们想为试点工作留下点记忆,春节长假期间我们几位志同道合的朋友一合计,联手撰写了这本小册子,旨在为数据知识产权试点工作提供一份借鉴,为关心数据知识产权的业内人士和高校学生提供一份通俗易懂的辅导材料,让大家对数据知识产权试点有个初步的了解,也通过对数据与知识产权法律体系、理论体系的梳理,为我们推进试点工作提供有益的借鉴。

在我们撰写过程中,得到了一直参与上海试点工作的挂职干部、国家知识产权局专利局专利审查协作江苏中心办公室主任黄强,登记试点工作专班李晴副处长和郑益枫、程必凡的大力支持。我们的政策宣讲和服务团队,上海市知识产权服务中心主任周灿、副主任蒋婷婷,微略信息科技(上海)有限公司知识产权总监祝岩婷,上海数据交易所数据交易专员郑颖,也为本书提供了大量素材。在出版过程中,更是得到了国家知识产权局战略规划司司长梁心新、二级巡视员杨国鑫的大力支持和精心指导。在此,对上述人员一并表示衷心感谢!